MARIANA APARECIDA VENÂNCIO
MARIA APARECIDA BARBOZA, ICM

ANIMAÇÃO BÍBLICA PARA CATEQUISTAS

"Isso que vimos e ouvimos, nós vos anunciamos."
(1Jo 1,3)

EDITORA
SANTUÁRIO

Imagem da capa: Cláudio Pastro
Santuário Nacional de Nossa Senhora Aparecida

Dados Internacionais de Catalogação na Publicação (CIP) de acordo com ISBD

V448a Venâncio, Mariana Aparecida

Animação bíblica para catequistas: isso que vimos e ouvimos, nós vos anunciamos / Mariana Aparecida Venâncio, Maria Aparecida Barboza. - Aparecida : Editora Santuário, 2024.
112 p. ; 14cm x 21cm.

ISBN: 978-65-5527-436-3

1. Religião. 2. Cristianismo. 3. Catequese. 4. Igreja. 5. Sociedade. I. Barboza, Maria Aparecida. II. Título.

2024-1946 CDD 240
CDU 24

Elaborado por Vagner Rodolfo da Silva - CRB-8/9410

Índice para catálogo sistemático:
1. Religião : Cristianismo 240
2. Religião : Cristianismo 24

1ª impressão

Rua Pe. Claro Monteiro, 342 – 12570-045 – Aparecida-SP
Tel.: 12 3104-2000 – Televendas: 0800 0 16 00 04
www.editorasantuario.com.br
vendas@editorasantuario.com.br

SUMÁRIO

SIGLAS

IVC	Iniciação à Vida Cristã
ABP	Animação Bíblica da Pastoral
DV	*Dei Verbum* (1965)
DC	Diretório para a Catequese (2020)
CR	Catequese Renovada (1983)
DCE	*Deus Caritas Est* (2005)

INTRODUÇÃO

O ministério de catequista é, na Igreja, o ministério do anúncio da experiência cristã, por meio do qual se dá a transmissão da fé às novas gerações. Também nesses termos a comunidade joanina entendeu sua vocação comunitária a partir da fé em Cristo Ressuscitado:

> O que era desde o princípio, o que ouvimos, o que vimos com nossos olhos, o que contemplamos e nossas mãos apalparam da Palavra da Vida – vida esta que se manifestou, que nós vimos e testemunhamos, vida eterna que a vós anunciamos, que estava junto do Pai e que a nós se manifestou –, isso que vimos e ouvimos, nós vos anunciamos, para que estejais em comunhão conosco. Nossa comunhão é com o Pai e com seu Filho, Jesus Cristo (1Jo 1,1-3)[1].

A Catequese é o grande anúncio da forma como o Senhor comunicou sua salvação ao longo dos tempos e continua a comunicá-la a nós. Seu objetivo, assim como o da comunidade joanina ao conduzir os novos discípulos ao aprofundamento de sua fé, é formar para a comunhão com a comunidade, uma vez que essa mesma comuni-

[1] Neste livro, todas as citações bíblicas serão feitas conforme a tradução da CNBB, indicada pelo episcopado brasileiro para a utilização na Catequese em todo o país.

dade de discípulos está em ligação profunda com o Pai e o Filho, por impulso do Espírito. A primeira fonte (não em ordem, mas em importância) para o conhecimento do Senhor e para a descoberta da experiência comunitária em seu caminho é a Palavra de Deus, que deve animar a Catequese e, a partir dela, a vida individual e comunitária de todos os que desejam ser discípulos de Jesus.

Assim existe um vínculo entre a Catequese a serviço da Iniciação à Vida Cristã (IVC) e a Animação Bíblica da Vida e da Pastoral (ABP), que não pode ser negligenciado, sob pena de tornar ilusórios ambos os processos. Por um lado, a Catequese, especialmente a serviço da IVC, precisa estar centrada na Palavra de Deus, contida no depósito único da Escritura e da Tradição (DV 10), caminho para o conhecimento de Cristo – lembremos a tão repetida máxima de São Jerônimo: "A ignorância da Escritura é a ignorância de Cristo" (DV 25). Guiada pela Palavra, a Catequese oferecerá, portanto, uma iniciação bíblica que forma, ao mesmo tempo, para o conhecimento da Escritura e de seu conteúdo, mas também para a leitura da Palavra de Deus – inclusive, para além do texto bíblico. O processo iniciático, nesse modelo, gera indivíduos que não só aprenderam os principais conteúdos da Bíblia, mas também cultivaram o costume de rezar com ela e tê-la presente em sua vida, em suas escolhas, em suas decisões, como luz para os pés e as veredas (cf. Sl 119,105): eis o autêntico testemunho de uma vida animada pela Palavra de Deus. Uma catequese que não tenha centralidade na Palavra será conteudista, poderá tornar-se uma aula de história ou moral cristã que, por melhor que seja, não será suficiente para possibilitar um itinerário iniciático.

Para que a Catequese esteja realmente centrada na Palavra, é fundamental que os catequistas sejam adequadamente formados para a escuta, a leitura e o anúncio da Escritura. É importante notar que, devido ao caráter querigmático e mistagógico que deve acompanhar toda a Catequese no mundo atual (DC 2) – e, portanto, também a leitura bíblica que nela se faz –, não é suficiente que o catequista seja formado intelectualmente para a compreensão do texto bíblico, nem mesmo que ele seja um grande exegeta. O que é mesmo imprescindível é que o catequista saiba ler a Bíblia com a Igreja. O catequista é, na comunidade de fé, um daqueles chamados especialmente ao ministério da Palavra – não unicamente o ministério que se caracteriza por um rito, mas o ministério que é o serviço do anúncio, do testemunho. Pretensos discípulos que não encontram na Escritura o contato com a Palavra de Deus e não são capazes de reconhecê-la em diversas situações da vida não conseguirão iniciar outros ao mesmo encontro e a um discipulado autêntico e verdadeiro.

O vínculo entre Bíblia e Catequese

Sem dúvida, um dos marcos para o vínculo entre a Bíblia e a Catequese, no Brasil, está no documento 26 da CNBB, **Catequese Renovada**: orientações e conteúdo (1983). À medida que o texto Catequese Renovada ia chegando às comunidades do país, também o projeto de uma renovação da prática catequética ia sendo assumido por mais e mais catequistas. Essa renovação passava pela compreensão da identidade do catequista e pela forma de conceber o serviço catequético dentro da comunidade, incluindo também materiais e métodos. Como parte do esforço em assumir o compromisso com uma renovação da Catequese, tornou-se célebre sua afirmação: "O uso dos manuais não deve substituir a leitura da Bíblia, livro de Catequese por excelência, mas orientar para ela" (Doc. 26, 1983, 154). Não se pode prosseguir sem notar que, no Brasil, o papel da Dimensão Catequética na CNBB, que culminou no **Catequese Renovada**, pode ser compreendido como recepção do Concílio Vaticano II, especialmente da Constituição Dogmática sobre a Revelação Divina, a **Dei Verbum** (1965).

Assim, o documento Catequese Renovada conferia oficialidade à prática de tantos catequistas que, no Brasil, já traziam a Sagrada Escritura como centro de seus encontros catequéticos e como ponto de partida para a vida e a missão. A partir de então, toda a Catequese no Brasil passou a buscar caminhos para garantir a centralidade bíblica, e tornou-se impossível pensar uma Catequese que não partisse da Sagrada Escritura, em conteúdos e espiritualidade. É claro que essa centralidade não se tornou imediatamente uma realidade de maneira uniforme e instantânea em todas as comunidades brasileiras, mas foi assumida como uma das prioridades nesse processo de renovação da Catequese. Até hoje, a grande preocupação com a formação bíblica dos catequistas e com a presença da Escritura nos encontros catequéticos deve muito à contribuição do Catequese Renovada, como um marco. É importante notar que a centralidade da Bíblia na Catequese foi sendo buscada não só no aspecto do conteúdo, mas, segundo o princípio da interação entre fé e vida, também na dimensão do testemunho, formando catequistas cada vez mais configurados ao discipulado que, por sua vez, iam se aperfeiçoando no dom de formar novos discípulos.

O amadurecimento das reflexões do Catequese Renovada a respeito do vínculo entre Bíblia e Catequese pode ser encontrado no **Diretório Nacional de Catequese (DNC)** (2006), elaborado pela CNBB a partir da motivação do **Diretório Geral para a Catequese** de 1997. No DNC, mais uma vez, afirma-se que "a fonte na qual a catequese busca sua mensagem é a Palavra de Deus" (DNC 106). Não havia mais a possibilidade de pensar o conteúdo da Catequese de modo desvinculado do anúncio da Palavra de Deus. Desse documento, permanece imprescindível recuperar as razões indicadas para "o uso da Bíblia pela Catequese" (DNC 108). São eles: 1) formar comunidade de fé e 2) alimentar a identidade cristã. Hoje, as mesmas razões permanecem adequadas e urgentes, especialmente porque vivemos um tempo marcado pela fragilidade dos vínculos comunitários, pela reconfiguração da noção de pertença comunitária e pela fluidez crescente com relação à afirmação e à manifestação da identidade católica. Voltar à Sagrada Escritura, ensinavam os bispos brasileiros no DNC em 2006, garantiria que nossas comunidades crescessem no discipulado a Jesus Cristo, como comunidades da Nova Aliança, conformando-se aos exemplos das primeiras comunidades em Atos dos Apóstolos e ensinando a ser católico.

As mesmas preocupações que marcavam o exame da realidade para os bispos que redigiram e aprovaram o **Diretório Nacional de Catequese** estavam no horizonte daqueles que se reuniram na V Conferência Geral do Episcopado Latino-americano e do Caribe, em Aparecida (SP), em 2007. O **Documento de Aparecida** (2007), ao examinar a realidade da Igreja em nosso contexto, cita desafios que permanecem atuais mais de 15 anos depois, tais como: a diminuição das vocações; a defesa de uma eclesiologia contrária ao Concílio Vaticano II; o desafio das linguagens na Catequese e em toda a Pastoral; o abandono da fé católica; a dificuldade no diálogo e da afirmação do Evangelho como distintivo da identidade católica (DAp 100). Frente a esse quadro de desafios, porém, brilhavam experiências positivas, como a Catequese em aliança com a Animação Bíblica da Pastoral:

> Devido à animação bíblica da pastoral, aumenta o conhecimento da Palavra de Deus e do amor por ela. Graças à assimilação do Magistério da Igreja e à formação melhor de generosos catequistas, a renovação da Catequese tem produzido fecundos resultados em todo o continente, chegando, inclusive, a países da América do Norte, Europa e Ásia, para onde muitos latino-americanos e caribenhos têm emigrado (DAp 99).

Assim, o episcopado latino-americano e caribenho depositou grande esperança no apoio a essa prática, já existente em nossas comunidades, de anunciar a Palavra de Deus em um esforço de animação bíblica que alcançasse toda a Pastoral e, assim, conformasse também a vida individual e as relações sociais, formando discípulos-missionários. Então, ao refletir sobre o caminho de formação dos discípulos-missionários de Jesus Cristo, o Documento de Aparecida reafirma a Sagrada Escritura como lugar de encontro com o Senhor, especialmente quando lida na Igreja e com a Igreja, em sua unidade com a Tradição. Além disso, o Documento de Aparecida também propõe que "entre as muitas formas de se aproximar da Sagrada Escritura existe uma privilegiada à qual todos somos convidados: a Lectio divina" (DAp 249).

Nessa perspectiva, a ABP, enquanto serviço a toda a pastoral, é de fundamental importância para a ação evangelizadora bem como para a Catequese. Não se trata de um grupo específico que tem como atribuição o aprofundamento dos laços de escuta da Palavra em nossas Igrejas locais, mas trata-se de uma comunidade de pessoas que estão a serviço do aprofundamento da dinâmica dessa escuta em toda a realidade eclesial, segundo o que é próprio de cada indivíduo, de cada comunidade, de cada pastoral, de cada movimento. A ABP não é, então, uma pastoral, mas um serviço sinodal que coloca todos em comunhão pela escuta da Palavra e gera, assim, a comunhão com o Senhor, Palavra encarnada.

Seguindo o mesmo esforço de reafirmar a proposição da Palavra de Deus como caminho de formação dos discípulos missionários de Jesus Cristo, reuniram-se os bispos no Sínodo sobre a Palavra de Deus, em Roma, em 2008. Tal assembleia traria conclusões significativas para a Igreja em todo o mundo e, especialmente, para o Brasil, no que se refere ao anúncio da Palavra de Deus. Em 2010, o papa Bento XVI lançava a Exortação apostólica pós-sinodal **Verbum Domini** (2010) e, em 2012, o episcopado brasileiro lançou o documento 97, **Discípulos e servidores da Palavra de Deus na missão da Igreja** (2012), fruto de duas assembleias gerais da CNBB, que haviam refletido o tema a partir das proposições oferecidas pelo Sínodo referido. Ambos os documentos fazem referências interessantes ao número 248 do Documento de Aparecida.

A ***Verbum Domini*** recomendou que "se incremente a 'pastoral bíblica', não em justaposição com outras formas da pastoral, mas como *animação bíblica da pastoral inteira*" (VD 73). No mesmo número, a Exortação afirma a esperança de que a Animação Bíblica da Pastoral seja possibilitadora de um conhecimento e encontro mais profundo e verdadeiro com Jesus Cristo. Já o Documento 97 recupera as linhas de ação indicadas pelo Documento de Aparecida ao propor os três eixos para a animação bíblica da Pastoral no Brasil:

> À luz do *Documento de Aparecida*, podemos compreender a *animação bíblica da pastoral* sob três eixos, inspirados na metáfora do *caminho*, como sugerido pela mensagem final do Sínodo sobre a Palavra na Vida e na Missão da Igreja: como caminho de *conhecimento e interpretação da Palavra*, caminho de *comunhão e oração com a Palavra* e caminho de *evangelização e proclamação da Palavra*. Esses eixos podem ser também vislumbrados, em outros termos, como o eixo da formação, o eixo da oração e o eixo do anúncio (Doc. 97, 2012, n. 36).

Prosseguindo a reflexão a respeito da Animação Bíblica da Pastoral, em 2022, o episcopado voltou a afirmar, no Documento 111, **"E a Palavra habitou entre nós" (Jo 1,14):** animação bíblica da pastoral a partir das comunidades eclesiais missionárias (2022) que "no caminho de iniciação, é necessário que as etapas proporcionem um progressivo envolvimento com a Palavra" (Doc. 111, 2022, n. 168). Tais afirmações são consonantes com as Diretrizes Gerais para a Ação Evangelizadora da Igreja no Brasil 2019-2023, que, como Diretrizes anteriores, reafirmaram o vínculo irrenunciável entre Palavra de Deus e Iniciação à Vida Cristã.

Ao lado das afirmações e orientações do episcopado que, ao longo da história das últimas décadas no Brasil, nunca renunciou ao vínculo entre Bíblia e Catequese, está o testemunho e o serviço de várias editoras e instituições bíblicas, escolas de formação bíblico-catequéticas e cursos de teologia para leigos em todo o país. O esforço pela formação bíblica, direcionada a catequistas e anunciadores, tem no Brasil uma longa e bonita história de persistência e zelo para com a responsabilidade evangelizadora dos batizados, especialmente centrada na Palavra.

Dado o histórico do vínculo entre Bíblia e Catequese e a reafirmação profética dos documentos eclesiais a esse respeito, não podemos cair na tendência de setorizar os dois serviços – a IVC e a ABP –, como se um pudesse existir sem o outro. Assim, nesta obra, buscamos oferecer a catequistas a visão sobre como seu Ministério pode configurar-se sempre mais como um serviço à Palavra de Deus, especialmente. Ele não pretende ser um livro que explique a Escritura, mas que indique a forma como, na Catequese a serviço da IVC, a Bíblia pode ser anunciada e proposta como caminho de vida e de encontro com o próprio Cristo, que forme não intelectuais da exegese, mas discípulos e servidores da Palavra. O livro está, portanto, estruturado em três partes: **Formação**, **Oração** e **Anúncio**, que são os três eixos para a Animação Bíblica da Pastoral indicados pelo Documento 97. Esperamos, dessa forma, superar a ideia de que a Catequese oferece apenas um conhecimento dos conteúdos bíblicos, esclarecendo que também é sua tarefa formar para o anúncio e para a oração e, consequentemente, para a vida em comunidades eclesiais.

I
FORMAÇÃO

"Os relatos permanecem adormecidos até que o leitor venha despertá-los de seu sono."

Jean-Louis Ska

A Sagrada Escritura é a obra literária por meio da qual o Senhor comunica sua Revelação e sua Palavra. Enquanto obra literária, ela admite diversas interpretações, a partir de diversos métodos. Enquanto Palavra Revelada, ela exige de seus leitores-ouvintes o esforço do discernimento, à luz do Espírito, em comunhão com a Igreja, em meio a tantos métodos e tantas interpretações, para ler a Bíblia e encontrar nela a Palavra de Deus. Isso quer dizer que a abordagem da Escritura e o conhecimento intelectual a respeito de seu texto podem seguir diversos métodos e diversas possibilidades – ainda que não queiramos sugerir que qualquer método seja adequado –, mas quando tratamos da formação bíblica na Igreja, particularmente, na Catequese, algumas especificidades devem ser observadas.

É por isso que apenas a formação intelectual não é suficiente para ler a Bíblia na Catequese, sob pena de transformar a Catequese em uma espécie de curso de Teologia para iniciantes. São necessários também os passos da fé, da comunhão eclesial e da leitura orante, que abrem a consciência e formam para o anúncio. Esses pilares serão o foco dos próximos capítulos. No entanto, a consciência a respeito da necessária cooperação da oração e do anúncio não nos devem levar a negligenciar a formação, que permanece sendo o ponto de partida. Conhecer o básico a respeito das Escrituras e como lê-las é fundamental, especialmente àqueles que se dedicam ao processo de transmissão da fé. Neste breve livro, não é possível oferecer uma formação pormenorizada a respeito do texto bíblico, mas procuraremos oferecer uma visão geral sobre o Antigo e o Novo Testamentos e, ainda, uma reflexão sobre os métodos de leitura, com um alerta especial para o que deve ser evitado.

Antes de prosseguir, são imprescindíveis algumas notas sobre a busca por formação. Muitos catequistas, responsáveis pela iniciação de outros à Vida Cristã, também não foram adequadamente iniciados. Isso torna mais difícil o processo de uma adequada iniciação bíblica, porque o ideal seria sempre que indivíduos plenamente iniciados fossem responsáveis pela iniciação de outros. Não sendo esse ideal uma realidade, em todo o Brasil se tem buscado oferecer formação para os diversos envolvidos nos processos de IVC. Há formações bíblicas em paróquias e dioceses, escolas diocesanas e regionais, cursos de pós-graduação e outras iniciativas de formação bíblica, como é o caso dos grupos de reflexão e círculos bíblicos. Essas oportunidades não devem ser subestimadas, mas sim valorizadas e incentivadas, de modo que o conhecimento bíblico possa contribuir, de fato, à formação de discípulos missionários.

Nos diversos lugares onde essas formações ainda não são suficientes, temos percebido um crescente número de catequistas buscando formação nos ambientes virtuais e, inclusive, pagando caro por cursos e palestras que nem sempre correspondem ao ideal da formação bíblica para o anúncio querigmático da palavra. Nesses ambientes, há que se ter cuidado redobrado: número de seguidores não equivale a currículo, a bom senso ou, principalmente, à fidelidade à forma como a Igreja lê a Bíblia. Antes de seguir, compartilhar e, principalmente, aprender, é preciso investigar a formação da pessoa, seus vínculos com a Igreja local e sua fidelidade ao Magistério da Igreja. Fora disso, não há que se dar crédito, a despeito do número elevado de seguidores. Alguns catequistas têm se deixado levar por práticas de leitura que sequer são católicas – é o exemplo dos devocionais evangélicos que têm se tornado comuns, inclusive entre os *influencers* católicos. Embora a Igreja nos tenha convidado a um diálogo sempre mais aberto com outras igrejas cristãs e outras tradições religiosas, o diálogo pressupõe a clareza a respeito da própria identidade. E a Igreja católica tem uma forma de leitura bíblica muito própria, que precisa estar clara principalmente para aqueles a quem são confiadas responsabilidades sobre o processo da transmissão da fé. A leitura católica da Bíblia caracteriza-se por uma leitura cristocêntrica e querigmática de toda a Escritura, que se faz em aspecto orante, aberta ao auxílio do Espírito e em consonância com os ensinamentos do Magistério, com vistas ao anúncio e ao testemunho. Ela se torna não análise ou estudo, mas escuta. Esse deve ser o método do catequista para ler a Bíblia.

Dessa forma, além de conhecer o texto bíblico, é preciso que o catequista também conheça o ensinamento da Igreja e tenha clareza a respeito das principais verdades de fé contidas no Símbolo dos Apóstolos, desenvolvidas seguramente no Catecismo da Igreja Católica. O conhecimento a respeito das verdades de fé não está em uma outra "gaveta", que fechamos quando lemos a Bíblia; pelo contrário, as verdades de fé, os ensinamentos dos documentos eclesiais e os discursos do Papa, por exemplo, fazem parte do serviço interpretativo que o Magistério oferece à Palavra de Deus, estão a serviço de sua melhor compreensão, por isso tornam completa e fiel nossa leitura da Bíblia (DV 10).

Muitos seriam, portanto, os conteúdos indispensáveis para que conhecêssemos a Bíblia, especialmente no campo formativo. Escolhemos oferecer uma visão geral a respeito do Antigo Testamento (AT) e do Novo Testamento (NT), com elementos importantes, especialmente centrados em seus eventos paradigmáticos, a saber, o Êxodo e o Exílio para o Antigo Testamento e a Páscoa de Jesus para o Novo Testamento. Tais eventos funcionam como grandes chaves de leitura a partir das quais os grandes conjuntos literários vão se tornando mais compreensíveis. É indispensável, no entanto, que a "explicação sobre a Bíblia" venha acompanhada da leitura da Bíblia. Estamos acostumados a ler mais "sobre" a Bíblia do que a ler a Bíblia mesma. Então, para aprofundar as orientações gerais que aqui indicamos, a leitura dos textos e das introduções aos livros bíblicos, que as próprias edições atuais da Bíblia trazem, é um caminho necessário.

a) AT: a centralidade temática do Êxodo e a importância histórica do Exílio

Nós, cristãos católicos, estamos mais habituados à escuta das narrativas dos Evangelhos – exatamente porque elas aparecem com mais frequência do que textos de outros livros, na liturgia. As narrativas dos Evangelhos são mais objetivas e contam de maneira mais linear a vida de Jesus. Tudo no Novo Testamento está orientado a Jesus, ao significado de sua pessoa e sua vida e a como as primeiras comunidades o anunciaram.

O Antigo Testamento é mais complexo: há uma diversidade de personagens e situações, são muitos os períodos históricos e muito diferentes os estilos literários de uma época para a outra – às vezes, até dentro de um mesmo livro essas diferenças são significativas, o que acontece em Isaías, por exemplo. Assim, para ler o Antigo Testamento, é preciso ter em consideração alguns cuidados especiais. Nossa abordagem privilegiará um aspecto fundamental a respeito da primeira parte da Bíblia, que é o panorama geral de sua história.

Para ler o Antigo Testamento na Igreja, no entanto, é preciso que se eleja uma prerrogativa: a sensibilidade cristã. Muitas pessoas, desavisadas dos exageros de suas afirmações, costumam dizer que "o Deus do Antigo Testamento é muito violento" ou que o "Deus do Antigo Testamento é cruel e vingativo". Decerto, elas leram o final do Salmo 137 (136) (que nós sequer proclamamos na liturgia cristã). Como entender a forma como o Antigo Testamento fala de Deus frente ao modo misericordioso como Jesus nos faz compreendê-lo?

Antes de qualquer análise literária ou teológica, é importante que compreendamos que a Bíblia foi sendo escrita ao longo de séculos. No caso do Antigo Testamento, há indícios históricos e literários de que o texto tenha se originado na oralidade, com alguns excertos escritos antes do Exílio, mas surgido como literatura apenas no Exílio (séc. VI a.C.). Ainda estava ganhando sua forma final nas últimas décadas antes de Jesus. Nem todos os livros do Antigo Testamento circulam como textos normativos, desde o início: "Um dos primeiros atestados da existência de uma 'Bíblia', isto é, de uma coleção de livros sagrados, aparece no prólogo do Eclesiástico (138 a.C.); ali se mencionam a Lei, os Profetas e um terceiro grupo ainda não bem definido" (Priotto, 2019, p. 35). Esse processo de escrita e discernimento da autoridade dos escritos logo se mescla à origem do Novo Testamento e da fé cristã.

Nesse longo período de praticamente 1.000 anos, também a compreensão religiosa do povo da Antiga Aliança foi amadurecendo, especialmente a respeito de seu modo de ensinar sobre o Senhor, sua ação na história e a forma como ele deveria ser seguido e cultuado. Assim as formas diversas como Deus é apresentado ao longo do Antigo Testamento não se referem à mudança de Deus – o Deus revelado a Abraão é o mesmo Deus revelado em Jesus –, mas referem-se, sim, ao amadurecimento da forma como o povo compreendia Deus. No início, nos tempos dos Juízes ou no tempo da Monarquia, o maior sinal de que Deus estava com o povo era quando os indivíduos se tornavam capazes de prosperar e vencer guerras e conflitos. Por isso eles entendiam que o sinal da companhia de Deus era a derrota dos inimigos. Assim, o amor de Deus por eles seria proporcional a sua crueldade com os inimigos. Depois que ouvimos de Jesus o mandamento do amor, especialmente estendido ao inimigo, essa visão de Deus, que povoava o Antigo Testamento, tornou-se impossível para nós – ou, ao menos, deveria ter se tornado muito estranha.

Isso quer dizer, então, que quando lemos o Antigo Testamento também o lemos como Palavra inspirada, mas devemos compreendê-lo com os óculos dos Evangelhos. Jesus corrigiu os excessos e as incompreensões do povo da Primeira Aliança e deu um novo sentido para a Lei que, não obstante já fosse fonte de vida, vinha sendo, em alguns aspectos, compreendida e seguida de maneira equivocada. Dessa forma, quando lemos o Antigo Testamento, não podemos interpretá-lo como interpretaram os antigos, mas como interpretou Jesus. Se nele está a revelação plena, está também a perfeita compreensão da Primeira Aliança. Por isso os documentos eclesiais ensinarão que a primeira interpretação do AT é o NT (DV 16). Nesse sentido, na Catequese é própria uma leitura querigmática do Antigo Testamento. Assim, o catequista retorna ao AT para explicitar a espera pela vinda do Messias e a forma como sua encarnação eleva à plenitude a Revelação de Deus.

Para citar um exemplo dessa forma de ler o AT à luz do NT: embora as leis do Levítico conformassem a conduta do povo do Antigo Testamento, não necessariamente elas hoje fazem parte de nosso código cristão de conduta. Isso porque Jesus atualizou a Lei (cf. Mt 5,17) e resumiu toda a Lei em um mandamento único (cf. Mt 22,34-40). Algumas leis do Levítico – que fizeram sentido a seu tempo – já não fazem mais sentido a partir do código ético de Jesus. Comer ou não carne de porco (cf. Lv 11,7) não diz nada sobre o modo como eu sou capaz de amar meus irmãos. Se, no almoço, sirvo um frango ao molho pardo (cf. Lv 17,12), isso não tem a ver com minha capacidade de amar e servir a Deus. Hoje, já não descartamos as cadeiras sobre as quais se sentaram as mulheres em período menstrual (cf. Lv 15,26), porque isso nada diz sobre a pureza de seu coração (nem mesmo sobre a pureza de sua casa). Outras leis, no entanto, são perfeitamente condizentes com os ensinamentos de Jesus, por isso continuamos a observá-las: guardamos um dia para o Senhor (cf. Lv 23,3); consideramos uma virtude honrar os pais (cf. Lv 19,3); não roubamos nem mentimos e enganamos uns aos outros (cf. Lv 19,11).

Dessa forma, o horizonte para a moral cristã e para a conduta permanece sendo o Novo Testamento, o primeiro crivo pelo qual deve passar a observância ao Antigo Testamento que, por sua vez, continuamos a entender como palavra inspirada e sem erro. Por isso certas exclusões pautadas e justificadas por trechos do Antigo Testamento podem e devem ser revistas, ainda mais se desejamos denominá-las cristãs.

Origem e formação

Podemos dizer que a história de Israel começa cerca de 1950 anos antes de Jesus, quando o Senhor chama Abrão para sair de Ur dos caldeus. Desde então, o Antigo Testamento vai surgindo como um conjunto de narrativas orais. O povo que Deus reúne a partir de Abraão, Sara e sua família, provavelmente não escrevia nenhuma de suas narrativas, mas contava às novas gerações as memórias sobre Deus e a forma como ele se revelara em sua vida e aos antepassados. São formas muitos simples de transmitir a fé: em narrativas bonitas, atraentes, que fazem refletir e descobrir em família a grandeza do Deus revelado. É provável que essa religiosidade, familiar e oral, tenha permanecido como o principal modelo até a época da monarquia em Israel, quando, sob o reinado de Salomão e, mais tarde, do rei Josias, algumas dessas antigas tradições começam a ser registradas pela escrita (Peetz, 2022, p. 172) e a vivência religiosa ganha contornos mais sofisticados de culto e pensamento.

Ainda que por volta do século X a.C. alguma atividade escrita possa ser defendida por estudiosos do Antigo Testamento, ainda não havia a grande preocupação de transformar as antigas tradições de Israel em um livro que pudesse garantir a transmissão da fé às novas gerações. Essa consciência a respeito da necessidade da Escritura para a subsistência da fé em Deus é despertada para o povo da Primeira Aliança a partir do chamado Exílio na Babilônia. O Exílio na Babilônia teve início por volta do ano 597 a.C., com uma primeira deportação dos judaítas para a Babilônia. A crise se torna maior em 587 a.C., com a destruição do Templo e outra grande deportação. Esse período representou um tempo de profunda crise para o povo. No entanto, possibilitou também amplo amadurecimento, tanto no que diz respeito à identidade judaica, quanto a sua compreensão como religião.

Algumas gerações após Abraão, José, no Egito, leva toda a sua família para viver com ele (cf. Gn 46). É uma história de restauração da fraternidade rompida por motivações vergonhosas: inveja, ciúmes, indiferença, insensibilidade. José tira sua família da fome, mas também tira a humanidade do aprisionamento na mácula de Caim, ao mostrar que a disposição sincera à fraternidade tem muito mais força que as mais autorizadas razões por vingança, ódio e retribuição. Com o passar dos anos, no entanto, uma nação atenta contra a fraternidade de um povo: a situação da família de José muda, no Egito. Eles se tornam um povo numeroso, mas já não têm mais o apoio do Faraó, que os escraviza. Rogando a Deus por libertação, eles recebem como intermediário Moisés e são levados para fora do Egito, ao caminho no deserto, com o paradigmático evento do Êxodo. Após um árduo caminho de 40 anos (Êxodo até Deuteronômio), o povo finalmente habitará de novo a Terra prometida a Abraão. O livro de Josué trata do estabelecimento na terra como um processo de longas batalhas e disputas, ao fim das quais as tribos de Israel têm seu lugar estabelecido. Sucedem-se o período dos Juízes e o tempo da Monarquia (Juízes até 2 Reis).

Da memória da monarquia de Israel, merece destaque o tempo da monarquia unificada. Saul é o primeiro rei escolhido para Israel. Ele é o ungido do Senhor, aquele sobre quem está o Espírito do Senhor. Seu reinado é breve, porque logo ele se desvia dos mandamentos de Deus. Sucede-o outro ungido por Deus, o jovem Davi. Davi é um rei bom para Israel e, mostrando seu poderio militar, em combate e estratégia, vai ganhando o respeito também das outras tribos, que aceitam ficar sob seu governo, uma vez que ele demonstra, na proteção das tribos, sua aliança pessoal com o Senhor. Enquanto Saul reinara sobre Benjamin – sua tribo – e poucas regiões ao redor, Davi ganha confiança de quase todo o território das doze tribos de Israel. Salomão irá governar a exemplo de Davi: sobre um reino unificado e, de modo geral, de maneira fiel ao Deus único.

Por isso, ao esperar um Messias, o Judaísmo esperará alguém da linhagem de Davi. Ele não só terá o sangue de um rei bom, mas repetirá os atributos de um bom governante em Israel: unifica o reino e promove a paz entre os descendentes dos diferentes filhos de Israel, garante a proteção de todos, elimina as ameaças estrangeiras e mantém a paz.

Com o enfraquecimento interno resultante de reinados posteriores a Salomão, que não conseguiram unificar as tribos do Norte (Israel) e as do Sul (Judá), os conflitos externos e o crescimento da Babilônia como potência nacional, as cidades de Israel e Judá vão sendo tomadas, até que Jerusalém caia sob o domínio da Babilônia e tenha início o Exílio. Os profetas encontram na idolatria a razão para tal virada histórica que acontece, na verdade, em um longo processo histórico. Deus não é adorado de modo exclusivo em Jerusalém: há vários deuses sendo adorados, há vários locais de culto.

Quando a Babilônia vem sobre Judá, Israel já havia caído sob o ataque da potência anterior, a Assíria. Apenas Judá é um território ainda com governo próprio, embora já fosse vassalo da Assíria, antes da Babilônia, pagando altos impostos. Os homens que restam, então, em idade de trabalho, são levados à Babilônia em sucessivas deportações. Em todo esse tempo histórico, as famílias tinham importância fundamental na transmissão das tradições religiosas. Agora, dispersos, os que se lembravam da fé precisariam encontrar alternativas para garantir que as próximas gerações pudessem conhecer a Deus.

O exílio na Babilônia: um novo êxodo

Na Babilônia do séc. VI a.C., os exilados não tinham uma vida de escravos. Alguns estudos atestam que eles levaram uma vida relativamente tranquila: formaram novas famílias e exerceram trabalhos remunerados, que os levaram a seguir a vida de uma outra forma. Melanie Peetz indica que "os babilônios assentam os exilados em grupos em lugares individuais. Nesses assentamentos, os judaítas podem conservar sua identidade nacional e religiosa, cultivá-la e desenvolvê-la" e, ainda, que "a situação não é tão ruim para os judaítas na Babilônia. Os exilados recebem terra que eles mesmos podem cultivar" (Peetz, 2022, p. 192). A principal crise, portanto, era moral e religiosa. Especialmente os mais fiéis à tradição de seus antepassados sofreram porque a derrota de Israel e Judá e sua subordinação à Babilônia sugeriam a derrota de seu próprio Deus. Para muitos, o Exílio na Babilônia era a prova da vitória de Marduk sobre o Deus de Abraão, Isaac e Jacó.

Os judaítas que são levados ao exílio são um povo cuja origem é mais campesina do que urbana e que havia, há pouco tempo, passado pela reforma religiosa de Josias. Nessa reforma, as principais proposições se referiam a um tipo de purificação da vivência da fé no Senhor: centralização do culto em Jerusalém, reforço do compromisso com o Senhor como único Deus e registro das antigas tradições religiosas em escritos primitivos. Ao chegarem à Babilônia, os exilados se deparam com a suntuosidade de uma cidade grande, capital de um vasto império, com estruturas culturais arrojadas e um amplo culto a vários deuses. A crise deve ter sido angustiante, sugerindo que Marduk estivesse ultrapassando o Senhor em poder e glória.

A suntuosa arte babilônica incluía também sua Literatura: a Babilônia tinha histórias – chamadas mitos – impressionantes, que explicavam a origem de tudo – do mundo, do homem, do mal – à luz de sua fé em Marduk e em outros deuses. Para o povo, todas aquelas histórias belíssimas eram, também, terríveis: o que eles sabiam ter sua origem em Deus era atribuído a um deus falso, a um deus estrangeiro. Foi então que alguns do povo exilado adquiriram a consciência de que aquele exílio era uma ameaça a suas tradições religiosas: famílias separadas; histórias e narrativas presas na memória dos mais velhos, exilados e separados dos mais jovens; falsas tradições eternizadas pela escrita.

Além da sensação de derrota de seu próprio Deus, os exilados iam tomando consciência de seus próprios erros. Revisitavam sua vida e descobriam-se irremediavelmente distantes da Lei: haviam descuidado do culto e até ofereciam sacrifícios, mas eram indiferentes à viúva, ao órfão e ao pobre. Os profetas, cuja atividade iniciara-se com os reis na monarquia e permaneceria até o retorno do Exílio, estavam certos: "Esse povo se aproxima de mim só com a boca e me honra só com os lábios, enquanto o coração está longe de mim" (Is 29,13). Era necessário entender as razões pelas quais a história havia conduzido ao Exílio.

Tendo perdido sua terra, seu trono e seu Templo, vendo ameaçadas suas antigas tradições e estando confusos quanto às razões do Exílio, os exilados precisavam agora de explicações e de novas referências para a vivência da religião. Nesse sentido é que o Exílio acaba sendo também momento de crescimento: é nesse tempo que reconhecemos o berço e o surgimento do Judaísmo.

Como resposta ao exílio na Babilônia, os exilados assumem o compromisso de escrever as tradições antigas de seu povo. As memórias que garantiam a transmissão da fé no Deus único, portanto, passam a ser Escritura e não mais unicamente um conjunto de histórias que são contadas pela oralidade. Nasce a consciência a respeito da necessidade da Escritura e a ideia teológica de que, também por ela, a experiência com o Deus único pode ser possibilitada. Como dissemos, alguns textos já estavam escritos. Alguns rolos podem ter sido levados para o Exílio com os exilados, alguns textos proféticos já haviam nascido como livro, mas agora os exilados tinham um projeto literário. Os trechos já escritos seriam retomados, completados, reescritos e justapostos a textos novos que completariam o quadro histórico que precisava ser lembrado[1]. Eles recuperariam as memórias antigas e, finalmente, registrariam-nas por escrito. Nesse processo de registro, dois conjuntos literários merecem destaque: o primeiro deles são as narrativas míticas de Gn 1-11. Enquanto a Babilônia explicava as origens segundo a fé em seus próprios deuses, Israel as explicaria da maneira verdadeira, tendo sua origem no Deus Único. Os exilados não tinham detalhes para explicar como Deus criou o mundo, mas precisavam afirmar que ele havia sido cria-

[1] A exegese tem explicações mais detalhadas sobre as camadas redacionais do Pentateuco e dos livros históricos. A nosso trabalho, no entanto, interessa oferecer aos catequistas o quadro geral do processo de origem do Antigo Testamento, sem entrar nesses pormenores.

do da forma mais perfeita por seu próprio Deus e possibilitar a experiência de entrada no conhecimento do Deus Criador: utilizaram-se, para isso, da Escritura.

Em uma terra estrangeira, os exilados percebem a necessidade de condicionar sua identidade religiosa a novas marcas, que não mais estejam enraizadas em um lugar geográfico, mas que possam ser vividas em quaisquer lugares, onde estiverem os que acreditam no Deus dos patriarcas. Provavelmente, então, surgem os marcos móveis da identidade dos judeus, dentre os quais os principais são: a observância do *shabat*, a obrigatoriedade da circuncisão e uma série de prescrições alimentares.

Além disso, especialmente os profetas do tempo ajudarão o povo a fazer um caminho de introspecção que não apenas permita reconhecer os próprios erros e pecados, mas entender que a condição do exílio é como o deserto de um novo êxodo. Nesse tempo, os profetas farão a recordação de que, tendo já libertado seu povo da escravidão uma vez, quando todos sofriam as duras penas do Egito, Deus poderia novamente ouvir o clamor de seus eleitos e descer para reconduzi-los e consolá-los. O principal aprendizado, no entanto, é de que, assim como os antigos hebreus peregrinaram 40 anos pelo deserto para aprender a ser o povo do Senhor, recebendo e meditando a Lei, também agora seria necessário rumar para a Terra Prometida, por meio do comprometimento com um caminho de conversão, que os ajudasse a reencontrar o jeito de ser povo do Senhor, luz entre as nações.

O Êxodo é o grande evento paradigmático para Israel, porque é a partir da memória da saída do Egito que os judeus, até hoje, entendem sua vocação como povo eleito pelo Deus único. Reconhecemos que, no Êxodo, acontece a primeira manifestação de Deus a todo o povo – antes, ele havia se manifestado particularmente a Abraão e a sua descendência. No êxodo, no entanto, todo o povo faz, comunitariamente, a experiência do Deus libertador. Após a saída prodigiosa do Egito, o caminho no deserto é convite à conversão e memória da Aliança firmada a partir do código da Lei. Todo o Antigo Testamento fará sentido a partir do conjunto do Êxodo: escravidão – libertação – deserto – Lei.

Por isso um conjunto literário importante, que é registrado nesse tempo, são as tradições a respeito do Êxodo e do deserto. O evento do Êxodo passa a ser recordado com grande estima, uma vez que o povo exilado se sente como os desesperançados do Egito. Os profetas leem o Exílio como um novo Êxodo, uma nova oportunidade para que Deus demonstrasse a todo o povo sua mão forte, poderosa e libertadora. Assim o Êxodo torna-se o grande evento paradigmático para Israel e o acontecimento que define sua identidade como povo. Israel é o povo reunido pelo Senhor a partir das águas do Mar Vermelho, que atravessou o deserto com seu próprio Deus, para ali descobrir sua identidade de peregrino e firmar uma aliança indissolúvel (cf. Os 2,16), pela qual dedicariam sua vida.

O deserto é um tempo simbólico até hoje, especialmente na tradição cristã. Os 40 anos do deserto não são um tempo cronológico, mas um tempo metafórico que indica a oportunidade de esquecer a consciência da escravidão e aprender a ser povo do Senhor. Os que saíram do Egito só sabiam viver como no Egito, às custas da escravidão e da opressão de uns sobre outros. Não se pode viver assim na Terra que o Senhor deu. É preciso aprender uma nova lógica de vida para entrar na morada que o Senhor preparou – não é esse, então, o deserto da vida? Esse aprendizado não é procurado às cegas, de maneira solitária, mas é encontrado de forma comunitária a partir da grande dádiva que o Senhor mesmo dá: a Lei. O Senhor se deixa encontrar por aqueles que sabem seguir o itinerário que ele indica.

Nesse processo de recordação dos episódios fundamentais da vida do povo, portanto, não só a história precisa ser contada, mas o significado de caminhar com o Senhor precisa ficar claro para cada um que ouve/lê e principalmente: é preciso que os textos conduzam não a um conhecimento intelectual, mas a uma experiência de fé que torne possível e autêntico o conhecimento de Deus. Só a narrativa histórica não é suficiente. A ficção se torna o método para registrar a história em narrativas elaboradas, metafóricas, simbólicas, cujo significado é elevado à atemporalidade e toca o profundo do coração de cada pessoa, transmitindo, assim, a Palavra de Deus inspirada.

A ficção é, então, recurso para colocar, por escrito, em narrativas atraentes, realidades que ultrapassam a linguagem humana e, até mesmo, a compreensão que naquele tempo se podia ter a respeito de algumas coisas. Como Deus havia criado o mundo? Os autores do Gênesis não sabiam responder. Sabiam dizer, no entanto, que havia sido Deus quem criara tudo, da maneira mais perfeita, que provavelmente de início ele havia criado a luz e que sua criação se havia feito pela força de sua Palavra, muito mais eficaz do que a de quaisquer outros deuses. Como havia sido a noite da libertação do Egito? Eles também não sabiam contar com detalhes. Lembravam-se de que a Páscoa era o memorial daquela noite e inferiam que, à saída dos hebreus, muitos sinais prodigiosos deviam ter se associado em um evento tão referencial para a identidade do povo e para a compreensão de quem era o Senhor.

Dessa forma, há perguntas que não cabem e não são adequadas ao Antigo Testamento: o que é verdade e o que não é nesse relato? Ora, tudo é verdade, nem tudo é narrativa historiográfica. O que aconteceu mesmo, de verdade? Não é objetivo do texto bíblico no Antigo Testamento esclarecer o que aconteceu historicamente. Outras são as perguntas adequadas: o que devo compreender desses relatos? O que eles nos ensinam? Como eles me ajudam a conhecer Deus e a forma como ele acompanhou o povo da Antiga Aliança? Também para os livros históricos a mesma abordagem deve ser observada. O conteúdo catequético, nesse aspecto, deverá ser o ensinamento das narrativas fundamentais do Antigo Testamento, sempre com a ênfase sobre o que significam, muito mais do que sobre aquilo que elas revelam da História dos séculos anteriores a Jesus.

Continuando a história...

Ao fim do Exílio na Babilônia, quando o povo retorna à terra de Israel sob o domínio do império persa, grande incentivo é dado à conclusão desse trabalho de retomada das antigas tradições, escrita e reorganização da religiosidade. O emblemático texto sobre o retorno é o episódio em que Esdras lê, diante de todo o povo, o livro da Lei. Todos ouvem com atenção e se emocionam por ouvirem de novo a instrução do Senhor, agora escrita, na terra que o Senhor dera a seus antepassados (cf. Ne 8,1-12).

Também em relação ao Exílio na Babilônia, podemos compreender o conjunto de livros proféticos. A profecia em Israel tem origem no tempo da monarquia. Os profetas desse tempo são aqueles que garantem ao rei escolhido a fidelidade à Lei e o serviço a Deus, entendendo seu ofício monárquico como mediação entre Deus e o povo. Também funcionam como porta-vozes da Palavra de Deus no meio do povo, convidando sempre à conversão e a uma vida mais coerente com a fé em Deus. Com frequência, os profetas têm um anúncio duro, não agradável de ouvir, porque chamam atenção para os erros e o distanciamento da Lei do Senhor.

Os profetas posteriores deixam sua mensagem por escrito. A característica principal dos profetas pré-exílicos, como Amós e Oseias, por exemplo, é a denúncia da infidelidade do povo e de sua transgressão da Lei, que podem ter consequências catastróficas para o futuro. Os profetas do Exílio, como é o caso de Jeremias e Ezequiel, têm uma mensagem de esperança, uma vez que sua missão é recordar ao povo a face misericordiosa, bondosa e libertadora de Deus, que tendo uma vez tirado seu povo da opressão do Êxodo, poderia novamente conceder a libertação, dessa vez, do Exílio na Babilônia. Os profetas do pós-exílio, como Baruc, Jonas, Zacarias e Malaquias, continuam o ministério profético ao reforçarem o convite à observância da Lei; mas, em um tempo em que todos estão já voltados à recordação da Lei e à reorganização das tradições religiosas, as relações com o Senhor estão bem cuidadas e a atividade profética acaba não sendo tão necessária. A profecia, então, entra em declínio.

Os últimos séculos do Antigo Testamento são marcados pela literatura sapiencial e apocalíptica. Após o Exílio na Babilônia, Israel passa por uma sucessão de dominadores estrangeiros: o império persa, a partir de 539 a.C., sob o reinado de Ciro; o império helenista, a partir de 333 a.C., sob o reinado de Alexandre, e o império romano, de maneira consolidada a partir do governo de Herodes, em 37 a.C. Especialmente sob o domínio de Alexandre, a nação de Israel passa a receber fortes influências da cultura helênica, que se verificam de modo muito claro na produção da literatura sapiencial. Em Israel, ela é escrita segundo a fé no Deus único, mas com um estilo e uma linguagem próprios da literatura grega, que vivia a ascensão da filosofia. Inclusive, grande parte desses escritos já não é mais produzida em hebraico, mas em grego. São conjuntos de sabedoria antiga, que têm por objetivo registrar o caminho que se descobre à luz da fé, para uma vida plena e com real sentido.

Nos séculos finais do Antigo Testamento e início do Novo Testamento, a atividade literária responde à influência do ambiente apocalíptico no qual o imaginário, a fé e a literatura em Israel mergulham. Trata-se da literatura apocalíptica. Nesse tempo, sofrendo com as imposições religiosas estrangeiras desde o império alexandrino, intensificadas com o império romano, Israel produzirá uma literatura de resistência: ela versa sobre a fé em Deus, anuncia sua vitória sobre os impérios opressores e começa a pensar sobre o que devem esperar, após a morte neste mundo, aqueles que são fiéis a Deus. Essa literatura, chamada apocalítica, é produzida a partir de um detalhado arcabouço simbólico, que pode ser compreendido pelos fiéis, mas não é entendido pelos infiéis. Dessa forma, circula entre os leitores e as comunidades ouvintes sem despertar nas autoridades a consciência a respeito das fortes críticas e das profecias de vitória.

Nessa época, muitos livros apocalípticos foram produzidos e, hoje, ajudam a entender o imaginário simbólico, cultural e, até mesmo, a fé desse período. No entanto, por questões históricas, linguísticas e, principalmente, doutrinais, poucos foram conservados e reconhecidos como palavra inspirada. Na Bíblia cristã, são dois os livros apocalípticos: Daniel e Apocalipse.

b) Novo Testamento

O Diretório para a Catequese (DC) (2020) chama atenção para a necessidade de que a Catequese possa ser "definida como *querigmática*: uma catequese que seja um 'aprofundamento do *querigma* que, cada vez mais e melhor, se vai fazendo carne'" (DC 57). O querigma, como o próprio Diretório explicita, é "simultaneamente um *ato de anúncio* e o próprio *conteúdo* do anúncio, que desvela e torna presente o Evangelho" (DC 58). É o conteúdo principal da fé cristã, o anúncio fundamental de Jesus Cristo, que é o primeiro, não em tempo, mas em importância. Em uma catequese com inspiração catecumenal, o anúncio querigmático não pode ser apenas proposto em um tempo inicial, mas deve perpassar todo o itinerário iniciático. Isso porque hoje não se pode pressupor que Jesus seja realmente conhecido pelos que chegam à Catequese, nem se pode pretender que o conhecimento da pessoa de Cristo se alcance em um tempo restrito. Ao longo de toda a Catequese, portanto, deve sempre retornar o anúncio fundamental de Jesus Cristo.

O Novo Testamento é, portanto, o conjunto literário que nos ajuda a compreender como se deve propor, hoje, o querigma. Acompanhamos as primeiras comunidades cristãs em seu esforço por compreender como e de que forma o anúncio de Jesus Cristo podia ser proposto de modo atraente, que pudesse despertar o desejo pelo discipulado. Por isso, para a Catequese de hoje, em todo o conjunto da Escritura, a centralidade ainda está no Mistério de Cristo, por isso orientamos que a leitura do Antigo Testamento deve ser feita à luz da novidade de Jesus Cristo, especialmente do anúncio querigmático que perpassa todo o Novo Testamento. Esse anúncio está mais explicitado em alguns textos específicos – como At 2,22-28 e 1Cor 15,1-11 –, mas está na base da formação de todo esse primeiro conjunto de escritos cristãos.

O autor da Carta aos Hebreus recorda a pedagogia própria com que Deus se comunica com seus filhos e suas filhas na história de todos os tempos. Deus, em sua infinita misericórdia e ternura, deseja estar sempre próximo de seu povo. Por meio de sua Palavra criadora, dinâmica e salvadora, comunica-se de diversos modos: no Antigo Testamento, comunicou-se por intermédio dos Pais e das Mães da fé (Patriarcas e Matriarcas); depois, falou conosco pelos profetas. Agora, no novo tempo, o Tempo do Novo Testamento, comunica-se por meio de seu Filho, Jesus Cristo, o centro da catequese, revelação plena do rosto de Deus. Por isso, recorda o papa Bento XVI, na abertura da Conferência de Aparecida: "um grande meio de introduzir o Povo de Deus no mistério de Cristo é a Catequese. Nela se transmite de forma simples e substancial a mensagem de Cristo"[2]. Nesse sentido, nossa abordagem do Novo Testamento não será simplesmente histórica, mas buscará compreender o modo pedagógico com que os autores bíblicos desse Testamento apresentaram o que Jesus fez e ensinou e como eles formaram novos discípulos para a continuidade da missão que o próprio Jesus lhes delegou. Em suas estratégias, estará a iluminação para um querigma que seja contemporâneo e comunicativo, atraente e capaz de evidenciar ao mundo de hoje a vida nova que há em Cristo.

Recorrendo às Escrituras, Jesus revela aos discípulos a proposta do Reino de Deus e o plano salvífico do Pai. Do mesmo modo, dirige-se a nós, catequistas discípulos missionários dessa época de mudanças profundas e aceleradas, e nos leva a descobrir que a Boa-Nova do Evangelho dá sentido às situações vitais e recria a esperança de um novo tempo. Eis o que o anúncio de Jesus na Catequese deve objetivar: que cada iniciando faça a experiência do encontro com o Senhor e descubra nele o sentido da vida plena, aprenda a dar razão da esperança e adquira o gosto pela vida em comunidade (Jo 14,6; 1Pd 1,15; At 2,42-47).

---

[2] Bento XVI no discurso inaugural dos trabalhos da V Conferência Geral do Episcopado da América Latina e do Caribe, na sala de Conferência do Santuário de Aparecida, dia 13 de maio de 2013 (DAp, 2006, p. 256).

Partindo do Antigo Testamento, Jesus conduz os discípulos à compreensão da vontade do Pai a respeito dos acontecimentos pascais ocorridos em Jerusalém (Lc 24,25-27), em uma agradável conversa, uma narrativa. Recorda que Moisés também foi enviado de Deus para conduzir o povo na terra da promessa, bem como iniciá-los à fé (Ex 3,7-20; 6,2-9; 12,1-14; 19-20). Lembra, também, que os profetas tiveram a missão de conduzir o povo no caminho da Aliança com o Pai. Jesus interpela, a partir da Escritura, a vida concreta de seus interlocutores, suscitando aquela luz que lhes permite compreender o plano de Deus e aquele ardor que sacia a fome "de ouvir a Palavra do Senhor" (Am 8,11).

> Narrar em vez de argumentar é conduzir o ouvinte leitor na árdua e apaixonante tarefa de estruturar sua identidade cristã a partir das narrativas que expõem percursos concretos da fé testemunhada (Correia, 2014, p. 108).

A catequese narrativa também é muito frequente nas catequeses mistagógicas dos primeiros séculos. Os primeiros que aprenderam e anunciaram a fé repetiam o jeito do Mestre. Santo Agostinho afirma que "a *narratio* destina-se a despertar a fé como fundamento da esperança e do amor: *credendo speret et sperando amet*. São três, em substância, as leis que orientam a narração: ir ao essencial; fazer ver a unidade do desígnio de Deus e desvelar seu objetivo" (Paiva, 2005, p. 14).

Esse jeito de ensinar de Jesus gerou uma mudança de mentalidade e de atitude nos discípulos a ponto de voltarem para a missão em comunidade. Retornam pelo mesmo caminho, mas com um novo olhar (Lc 24,33-35). O modo pedagógico de Jesus ensinar, nos Evangelhos, é modelo fontal para nós, que temos a tarefa também de iniciar e formar novos discípulos. Se o processo iniciático, com Jesus, levava a tal mudança de vida e à adesão total à missão, esse deve ser o objetivo da Catequese hoje, com centralidade em Jesus. E podemos contar com o amparo de sua graça. Essa tarefa não é particular ou traz benefícios individuais, ao contrário, "uma comunidade que assume a iniciação cristã renova sua vida comunitária e desperta seu caráter missionário" (DAp 291).

É nos evangelhos que o ouvinte-leitor constata que a centralidade da Palavra é Jesus Cristo. Todos os elementos – cenários, indicações cronológicas e personagens – gravitam em torno dele, que é o centro da história. Os espaços onde Jesus atua e as indicações históricas, geográficas e temporais, por exemplo, permitem aos leitores a percepção da dinâmica de seu ministério, sua relação filial com o Pai – "Eu e o Pai somos um" (Jo 10,30) –, bem como seus ensinamentos.

Assim como o Antigo Testamento, o Novo Testamento também, antes de ser colocado por escrito, passou por um longo processo de transmissão oral, no qual os Apóstolos, por meio da pregação oral, centrada no *querigma*, dirigiam-se aos judeus e aos pagãos para anunciar que Jesus, o Messias anunciado pelos profetas, morto e crucificado, ressuscitou e disso eles são testemunhas (At 2,14-41). Só mais tarde é que esse anúncio querigmático foi colocado por escrito, ao lado de outros ensinamentos fundamentais, que permitem progredir no amadurecimento do discipulado.

Os Evangelhos e sua proposta pedagógica na formação de novos discípulos de Jesus Cristo

Os evangelhos[3] não são biografias de Jesus, mas tratam de revelar pedagogicamente quem foi Jesus, o que ele fez, viveu e ensinou. São quatro estilos querigmáticos de apresentar Jesus, o Filho de Deus, o enviado do Pai, a boa nova para todos os povos, o salvador do mundo (Jo 4,42). Eles diferem segundo as especificidades das comunidades às quais se destinam. Procuraremos ressaltar como cada Evangelho pode ser entendido como um itinerário catequético próprio, a fim de que o catequista possa compreender também como o anúncio de Jesus Cristo, sendo sempre o mesmo, precisa enraizar-se no cotidiano próprio da vida dos que são iniciados, a fim de que se torne atraente. Esse enraizamento vem do conhecimento da realidade, principalmente, da confiança na graça de Deus, que permite ler com sabedoria esta realidade, à luz da Palavra.

É importante perceber que os evangelhos de Mateus, Marcos e Lucas são chamados de sinóticos, uma palavra grega que significa "mesmo olhar" ou "visão de conjunto". Os três, quando colocados em paralelo, apresentam narrativas semelhantes e parecem seguir um mesmo esquema para a apresentação de Jesus, ainda que diferenças significativas existam, segundo os contextos pró-

[3] Evangelho é uma expressão de origem grega "euangelion-*eugangelion*", que significa boa nova, proclamar, pregar, trazer boas notícias.

prios. João, tendo sido escrito mais ao fim do primeiro século, é um Evangelho diferente – por isso ele não é considerado um dos Sinópticos. Veremos suas características adiante.

Evangelho de Marcos

O Evangelho de Marcos é o primeiro dos evangelhos a ser escrito. Ele inaugura um estilo literário próprio, chamado de *Evangelho*, isto é, a Boa-Notícia trazida por Jesus. Por ser uma marca peculiar, o evangelista repete a palavra "evangelho" por sete vezes (Mc 1,1.14.15; 8,35; 10,29; 13,10; 14,9), além do epílogo em 16,15.

O Evangelho de Marcos foi escrito aproximadamente no ano 70 d.C., em Roma ou na Palestina, para os interlocutores judeus e pagãos. Sobretudo aos pagãos, ou seja, um público composto por romanos e pessoas de outras nações gentias, bem como aqueles que se haviam convertido ao cristianismo. Ele inicia o evangelho citando o "princípio" da novidade, que é o próprio Cristo, a Boa-Nova por excelência, e termina fazendo um apelo para que voltem para o início, na Galileia, a fim de refazer o caminho que Jesus fez (Mc 16,7).

Na verdade, o Evangelho de Marcos deseja ajudar os que aderiram à fé a prosseguirem no reconhecimento da pessoa de Jesus, como também a anunciá-lo a quem não o conhece. Por isso apresenta uma catequese aberta à missão, com numerosas referências ao querigma (cf. 1,21-28; 7,24-30; 14,9). Marcos apresenta uma catequese que visa anunciar o Evangelho por toda parte, de casa em casa (6,6b-7,10).

No começo e no fim do Evangelho, encontramos a expressão o *Filho de Deus*. Entre estes dois pontos geográficos, isto é, no início, o lago da Galileia e, no fim, o calvário de Jerusalém, está o itinerário de Jesus. Nesse percurso, dá-se a formação dos primeiros discípulos, os que foram iniciados por Jesus na proposta do Reino do Pai, para continuarem anunciando a Boa-Nova a todas as criaturas (Mc 16,15). Alguns temas podem ser a porta de entrada para ler e compreender a catequese de Jesus narrada por São Marcos, como, por exemplo, o Evangelho como Boa-Nova para as comunidades; a pergunta sobre quem é Jesus; o caminho-itinerário da experiência e maturação da fé; o testemunho da Ressurreição.

O evangelho de Marcos inicia-se com o anúncio do querigma, afirmando que em Jesus inaugura-se um novo tempo, o tempo do cumprimento da promessa de Deus:

> Início do Evangelho de Jesus Cristo, Filho de Deus. Como está escrito no profeta Isaías: eis que envio mensageiro à tua frente, para preparar o teu caminho, voz que grita do deserto: preparai o caminho do Senhor, endireitai suas veredas [...] Depois de mim vem quem é mais forte do que eu. Eu não sou digno de, abaixando-me, desatar a correia de suas sandálias (Mc 1,1-3.7).

A comunidade de Marcos conduz o ouvinte-leitor a entrar no caminho da palavra, que é o próprio Cristo, e com Ele percorrer o itinerário da fé.

Contemplando o plano ou a estrutura da obra de Marcos, percebe-se uma unidade catequética que visa conduzir o leitor à centralidade da obra: Jesus Cristo, o princípio da Boa-Nova, o Filho de Deus, o Messias esperado. Vejamos que, logo após o anúncio de João Batista (1,1-13), como o primeiro responsável por preparar o caminho para a vinda de Jesus, o evangelista já acentua o batismo de Jesus seguido pelo chamado dos discípulos (1,14-3,6). A primeira preocupação da catequese de Jesus é formar uma comunidade discipular. Ele chama os doze e com eles começa a anunciar o Reino de Deus, formando as pessoas para o discipulado:

> A palavra *seguir* é o termo que define a prática pastoral de Jesus. Tal palavra indica o tipo especial de relacionamento entre Jesus, chamado *mestre*, e os seus seguidores e seguidoras, chamados *discípulos* e *discípulas*. Este relacionamento mestre-discípulo é muito diferente do relacionamento professor-aluno. Seguindo o mestre, o discípulo aprende convivendo com ele. Só entenderemos a prática pastoral de Jesus se entendermos sua prática formativa desenvolvida na convivência com as pessoas que o seguiam. Formando uma comunidade com seus discípulos, Jesus aponta como caminho pedagógico sua prática de ser um com eles (Mesters; Orofino, 2019, p. 54).

A grande pergunta do Evangelho de Marcos – quem é Jesus? – é respondida por Pedro no centro do Evangelho. A intenção do evangelista é que o ouvinte-leitor também seja capaz de chegar à afirmação. Jesus ensina e forma os discípulos no conhecimento dele mesmo e do Reino, até que os possa designar para a missão de anunciar a sua Boa-Nova a todas as criaturas (Mc 16,15). Assim, Jesus vai formando uma comunidade de discípulos reunida a partir de sua Palavra, que é ensinamento e também é mandato missionário. Sendo um Evangelho querigmático –, ou seja, traz o essencial do anúncio a respeito de Jesus –, o Evangelho de Marcos traça também o essencial da Catequese: formar discípulos de Jesus, com centralidade em sua Palavra que ensina e envia.

Evangelho de Mateus

Escrito por volta dos anos 80 a 90 d.C., em Antioquia, na Síria. O evangelista procura responder às situações bem concretas que a comunidade primitiva estava vivendo e anunciar que Jesus Cristo é o Emanuel, o Deus conosco, o Deus sempre presente na vida da gente. A certeza da presença deste Emanuel, o Deus conosco, é descrita no Evangelho como garantia de que Deus está com os seus, até o fim dos tempos (Mt 1,23; 18,20; 28,20). Se São Marcos havia escrito para cristãos convertidos do paganismo, Mateus produziu um Evangelho que pudesse anunciar Jesus para aqueles cristãos que haviam se convertido do judaísmo. Já que seus ouvintes, então, conheciam o Antigo Testamento e as expectativas messiânicas da Primeira Aliança, para ele é interessante situar Jesus como o Messias esperado. Por isso São Mateus guia o leitor no caminho da compreensão de quem é Jesus como o Messias, com numerosas referências ao AT.

Assim como o evangelista Marcos, Mateus também apresenta uma proposta de estrutura ou caminho que permita compreender o objetivo e a finalidade de sua obra. Em um estilo didático e pedagógico, após o anúncio do *nascimento do Messias* (cap. 1-2), o evangelista desenvolve, nos cap. 3-28, a narrativa da vida, morte e ressurreição de Jesus, conectada em torno de cinco "sermões", muito provavelmente, aludindo aos cinco rolos da Lei de Moisés. De fato, o Evangelho como um todo deseja acentuar que ser discípulo de Jesus é viver segundo a Lei de Moisés, ou seja, viver segundo a vontade de Deus, sintetizada no sermão da montanha (Mt 5,17-20) e interpretada de maneira definitiva por Jesus.

Nos capítulos 1 e 2, Mateus apresenta uma novidade em relação a Marcos: uma narrativa catequética teológica sobre a origem de Jesus, o Messias, filho de Abraão, filho de Davi e Filho de Deus (cf. 1,1-25). Em sua fuga ao Egito e na volta, o autor faz referência à experiência de Moisés, que foi perseguido pelo Faraó no Egito (2,13-23). Jesus é o novo Moisés. Isso será importante tanto para situar o ouvinte-leitor quanto à origem de Jesus, mostrando que ele é o Messias esperado, quanto para justificar a reinterpretação da Lei que ele fará adiante.

Nos capítulos 3 a 28, temos uma catequese a respeito da Vida, da Morte e da Ressurreição de Jesus, como Mestre do verdadeiro Israel, que supera as fronteiras étnicas e de religião. São cinco sermões, sempre encerrados com a mesma fórmula de transição[4]. Alguns aceitam os ensinamentos de Jesus e outros rejeitam, mas Jesus continua insistindo e apostando na formação discipular. Ela vai construindo a nova comunidade, baseada nas relações entre irmãos e irmãs: "Entre vós não seja assim. Quem quiser ser o maior, no meio de vós, seja aquele que serve, e quem quiser ser o primeiro, seja vosso servo, da

[4] Mt 7,28; 11,1; 13,53; 19,1; 20,26.

mesma forma que o Filho do Homem não veio para ser servido, mas para servir e dar sua vida em resgate por muitos" (Mt 20,26-28).

Evangelho de Lucas

Escrito por volta dos anos 80 a 90 d.C., na *Ásia ou na Grécia*. São Lucas procurou desenvolver sua obra sinalizando a história da salvação em três tempos: Tempo de Israel; Tempo de Jesus e Tempo da Igreja. Para ele, a História Salvífica possui suas raízes no tempo de Israel e de suas promessas. Assim sendo, Israel é considerado como ponto de partida de uma obra que culmina em Jesus Cristo e na Igreja. A porta de entrada para a leitura do Evangelho é compreendê-lo como o Evangelho do caminho; do Espírito Santo; da misericórdia de Deus; dos pobres e excluídos e do discipulado de iguais.

A catequese lucana ressalta o caminhar da Palavra de Deus presente desde as promessas anunciadas ao povo de Israel, indicando que em Jesus se dá o cumprimento dessas promessas. A palavra "caminho" aparece na anunciação do nascimento de Jesus (cf. Lc 1,17), no relato do nascimento (cf. Lc 1,76) e na atuação pública de João Batista (cf. Lc 3,4). Igualmente aparece o verbo caminhar. Maria pôs-se a caminho para uma cidade de Judá e visitou Isabel (cf. Lc 1,39). Os pais de Jesus vão a Jerusalém todos os anos para a festa da páscoa (cf. Lc 2,41). Essas informações são indicativas da perspectiva catequética do "caminhar", próprio do evangelho de Lucas (CNBB, 2013, p.16-17).

Na primeira parte, encontram-se as narrativas da infância de João Batista e de Jesus: toda uma catequese voltada para o anúncio e nascimento de Jesus. Deus escolhe a jovem Maria para cumprir as promessas de seu projeto de salvação. Depois, a catequese se volta para o batismo de Jesus e o início de sua missão, quando, na sinagoga, ele faz o anúncio de seu programa missionário (Lc 4,14-20). Também em Lucas, Jesus chama e forma a comunidade dos discípulos que, mais tarde, serão os continuadores da missão do Mestre (Lc 5,1-11; 6,12-16; 9,1-6; e 10,1-12). A partir do capítulo 9, encontram-se os relatos da viagem de Jesus para Jerusalém (cf. Lc 9,51–18,14), seguidos pelos relatos da paixão, morte e ressurreição. Após a ressurreição, a ascensão de Jesus ao Pai e o envio de seus discípulos como testemunhas de sua pessoa como salvador (Fitzmeyer, 1986, p. 128).

Evangelho de João

Escrito por volta do ano 100-120, d.C., na cidade de Éfeso. É um escrito que supõe fiéis que já assimilaram muito do que os evangelhos contaram e destina-se a pessoas e comunidades que, mesmo em momentos difíceis, de crise, querem crescer na fé. O evangelista propõe um caminho de fé para os já iniciados. Ele introduz e confirma os fiéis na celebração do mistério de Jesus Cristo. No início, o interlocutor parece candidato à fé (Nicodemos, a Samaritana). No fim, é o fiel adulto das primeiras gerações pós-apostólicas, que, na ausência física do Cristo, é levado a encontrar, iluminado pela memória de Cristo no Espírito-Paráclito, a verdade plenificada em cada momento (Jo 16,13); é incentivado a continuar firme na fé, mesmo sem a presença física das testemunhas da primeira hora (Jo 20,29-30). É como se o evangelista começasse em uma catequese de perseverança para os iniciados, uma mistagogia (Konings, 2000, p. 18).

Já de início, o evangelista apresenta Jesus como o Logos, a Palavra que se fez carne e veio morar entre a humanidade. Sua obra pode ser compreendida em duas dimensões, articuladas entre si: o Livro dos Sinais (Jo 1,1-19-12,50) e o Livro da Glória (Jo 13,1-20,31).

A comunidade joanina não usa a expressão milagres, como nos sinóticos, mas narra algumas das ações maravilhosas de Jesus denominando-as **sinais**. Os sinais revelam a manifestação de Deus que enviou seu Filho ao mundo para a salvação de todos e são já antecipações pedagógicas do grande sinal da Ressurreição de Jesus. É também o Evangelho da hora e da autorrevelação de Jesus como Eu Sou (a exemplo da autorrevelação de Deus no Êxodo). Em João, encontramos uma estrutura que ajuda a entender melhor o conjunto dos ensinamentos de Jesus. Chaves de leitura para compreender o ensinamento catequético de João são: Jesus, Palavra de Deus encarnada na história; a comunidade do discípulo amado; Jesus é o grande sinal da presença de Deus no meio do povo.

Já na abertura do Evangelho (Jo 1,1-14), Jesus é apresentado como a Palavra revelada desde o princípio: "E a palavra se fez carne e veio morar entre nós" (Jo 1,14). A partir do prólogo, João começa a apresentar Jesus e seus ensinamentos no Livro dos Sinais, que se manifestam como o Filho enviado do Pai para dar vida ao mundo. Os sinais aproximam as pessoas de Jesus e fazem com que elas, progressivamente, tenham contato com o mistério, experimentem os sinais da Ressurreição e façam um caminho, adentrando o conhecimento de Jesus.

Na terceira parte do Evangelho, o Livro da Glória, a catequese se volta para a hora da glorificação de Jesus junto ao Pai, realização definitiva da salvação que outrora havia sido sinalizada. O capítulo 13 abre essa parte com a belíssima cena dos lava-pés, quando Jesus ensina que fazer parte do Reino de Deus é colocar-se na dinâmica do serviço: "Entendeis o que eu vos fiz? Vós me chamais de mestre e Senhor; e dizeis bem, porque eu sou. Se eu vosso mestre e Senhor, vos laveis os pés, também vós deveis lavar os pés uns dos outros. Dei-vos o exemplo, para que também vós façais assim como eu fiz" (Jo 13,12-15). O distintivo do discípulo é seguir Jesus e caminhar com ele, fazer o que ele fez. Por fim, na última parte da catequese de Jesus em João, temos a aparição do Ressuscitado, que revela à comunidade sua missão de continuadora da missão de Jesus.

A palavra se faz caminho na vida dos que sabem ouvir, acolher e praticar

Em seguida aos Evangelhos, o Novo Testamento registrou um conjunto de livros que narram o modo como as Primeiras Comunidades nasceram e se organizaram em torno da centralidade da Palavra: Jesus Cristo. O primeiro deles é o livro dos Atos dos Apóstolos. Nele encontramos os primeiros anos da história do Cristianismo desde a ascensão de Jesus, em Jerusalém (At 1,6-26), até a prisão de Paulo em Roma (At 27,1–28,30).

É importante salientar que em Atos 1,6-8, encontramos os grandes passos do caminho querigmático, testemunhal, da Igreja Primitiva: a ascensão (At 1,6-11); a Igreja nascente em Pentecostes (At 2,1-41); o discurso querigmático de Pedro que encantava e atraía novas pessoas para Jesus Cristo (At 2,14-41); a Igreja que se organiza em torno da Palavra (At 2,42-47; 4,32-35; 5,12-16); a narrativa do episódio de Filipe com o eunuco etíope, quando acontece a acolhida do querigma e o batismo do Eunuco (At 8,26-40).

Os acontecimentos e seus textos permitem ao ouvinte leitor distinguir na obra dois grandes itinerários: um em que predomina a missão na Palestina, na figura de Pedro, os Doze e a Igreja de Jerusalém (1-12); e outro, em que predomina a missão fora da Palestina, com Paulo e sua equipe missionária (13-28) (Monasterio; Carmona, 2000, p. 282). Com Paulo e sua equipe é que se dá a expansão do Cristianismo com o anúncio do querigma, que forma verdadeiros discípulos missionários de Jesus Cristo.

Merece atenção como em todo o livro de Atos, bem como nas Cartas Paulinas, nas Pastorais e no Apocalipse, a Palavra anunciada transforma a vida daqueles e daquelas que têm sede de Deus e da vida em comunidade. Esse testemunho é importante hoje para animação dos processos de Iniciação à Vida Cristã e para todo o serviço de anúncio da Escritura. Eles testemunham o simples, mas perfeito, anúncio querigmático: Jesus é apresentado como caminho que conduz à vida plena. Essa proposição é feita de maneira clara e convincente, dada a força do testemunho dos que anunciavam. Então, o anúncio encontrava acolhimento: sua finalidade maior. Os que acolhem o querigma sentem a necessidade, então, de conviver em comunidade e, consequentemente, formar novas comunidades em torno da centralidade da Palavra: Jesus Cristo. Essa experiência se solidifica e se multiplica conforme relata Atos dos Apóstolos: "a palavra de Deus crescia e o número de discípulos se multiplicava" (At 6,7).

O livro, em sua totalidade, procura mostrar que a missão cristã se desenvolve partindo de Jerusalém e chegando a Roma, passando pelos grandes centros em direção ao Ocidente. Dá-se cumprimento, assim, às últimas palavras de Jesus antes de subir ao céu: “Sereis minhas testemunhas em Jerusalém, em toda a Judeia e na Samaria, até os confins da terra” (At 1,8).

A obra apresenta uma catequese marcada pelos passos do caminho testemunhal da Igreja nascente. Os critérios da geografia, o material e os sumários permitem distinguir dois grandes blocos desse caminho da Palavra: no primeiro, predomina a atividade na Palestina sob a direção de Pedro, os Doze e a Igreja de Jerusalém (1-12); o segundo é marcado pela missão fora da Palestina, em que Paulo é o protagonista principal (13-28) (Monasterio; Carmona, 2000, p. 282).

Outro conjunto que se agrega ao Novo Testamento é o das *Cartas Paulinas*: Paulo e a comunidade discipular deixaram uma herança muito significativa. A forma mais rápida e prática para se comunicar naquela época era por meio das cartas. A Boa-Nova de Jesus Cristo se espalhava com rapidez e eficácia.

A partir da experiência do encontro com Jesus no caminho de Damasco (At 9,1-18; 22,6-16; 26,12-18; Gl 1,13-17), Paulo teve sua vida transformada. O texto diz que Ananias o curou de sua cegueira com a imposição das mãos, batizou-o, e Paulo recuperou suas forças (At 9,18-19) e iniciou seu ministério proclamando nas sinagogas que Jesus é o Filho de Deus (At 9,20-22). O batismo confirma a experiência da fé e o delega à missão. A centralidade da fé em Jesus Cristo transforma a pessoa por inteiro. Paulo mesmo assim se expressa:

> Mas essas coisas, que eram lucro para mim, considerei-as prejuízo por causa de Cristo. Mais que isso, julgo que tudo é prejuízo diante deste bem supremo que é o conhecimento do Cristo Jesus, meu Senhor. Por causa dele, perdi tudo e considero tudo lixo, a fim de ganhar Cristo e ser encontrado unido a ele (Fl 3,7-9).

Aqui reside o segredo do processo formativo dos catequistas: partir de Cristo e de sua pedagogia, para testemunhar a alegria de ser catequista, discípulo missionário. Paulo, de perseguidor dos cristãos (At 9,1-2; 26,9-12), tornou-se missionário. A experiência do caminho foi definitiva na vida de Paulo, pois quem não faz a experiência da fé anuncia Jesus de forma teórica e com discursos vazios. Nesse sentido, Paulo se torna um grande modelo para os que se dedicam ao anúncio de Jesus, não só pelo conteúdo de sua mensagem, mas especialmente pelo itinerário que faz para configurar-se como missionário. É preciso fazer a experiência da palavra, que é o próprio Cristo, para poder anunciar o querigma de modo autêntico e atraente, falando daquilo de que o coração está cheio (Mt 12,34).

Após a experiência da fé batismal, a vida de Paulo foi marcada por três grandes viagens missionárias (At 13,14-50; 13,51-14,7; 21,27-34). Nessas viagens, Paulo e sua equipe missionária fizeram o cristianismo expandir para os arredores do Império Romano, deixando suas marcas de evangelizadores apaixonados por Jesus Cristo e sua proposta de Reino de Deus. Suas cartas são exemplos desse processo querimático e mistagógico. As cartas de Paulo – Romanos; 1 e 2Coríntios; Gálatas; Filipenses; 1Tessalonicenses e Filemon; Efésios; Colossenses; 2Tessalonicenses; 1 e 2Timóteo e Tito –, assim, falam sobre questões centrais da fé cristã e respondem a questões específicas que as comunidades atravessavam. Frequentemente, surgiam equívocos ou dúvidas na compreensão da fé cristã, que eram muito próprias do caminho inicial que o Cristianismo então percorria.

Nas viagens, Paulo e sua equipe missionária foram deixando marcas por intermédio de pessoas que foram atraídas pelo anúncio do querigma e pela pertença comunitária. Por meio deles várias comunidades foram formadas para dar continuidade ao anúncio de Jesus Cristo. A essas pessoas, hoje, poderíamos chamar de catequistas ou coordenadores de comunidades. Um exemplo foi Lídia e um grupo de mulheres na cidade de Filipos (At 16,14-15.40; Fl 1,5.7-8; 4,15). Ela ofereceu hospitalidade a Paulo e, com sua família, acolheu a Boa-Nova do evangelho, foi batizada e escolhida por Paulo como liderança na comunidade de Filipos. Outro exemplo é o do casal Priscila e

Áquila (At 18,2.18; Rm 16,3-4), que, além de acolher Paulo em sua casa, acompanhou-o até a comunidade de Éfeso, tornando-se, por sua vez, novos missionários, discípulos de Jesus. Paulo destaca também, em suas cartas, a hospitalidade recebida por Febe, a diaconisa da Igreja em Cencreia (Rm 1,1-2) e, ainda, os ensinamentos recordados por Paulo que haviam sido recebidos da avó e da mãe de Timóteo, respectivamente: Loide e Eunice (2Tm 1,1-5). Também Marcos, filho de Maria, sobrinho de Barnabé e de família sacerdotal foi companheiro de Paulo na primeira viagem missionária (At 12,12.25; 13,5.13; 15,39; Cl 4,10; Fm 24; 2Tm 4,11; 1Pd 5,13).

O ministério de Paulo, portanto, conhecido por meio das cartas, revelará a profundidade da centralidade em Jesus Cristo e seu projeto de salvação, elaborados em textos que são, na verdade, ensinamentos completos sobre o sentido do Mistério cristão. Mas, se para além dos escritos, consideramos o testemunho da missão de Paulo, conforme recordamos anteriormente, percebemos como suas catequeses aliavam a instrução a um verdadeiro processo de formação de comunidades, por meio do despertar da consciência missionária, que tinha, como ponto de partida, o desejo pelo caminho discipular.

Outro conjunto de escritos do Novo Testamento que ressalta a centralidade da fé em Jesus Cristo, o testemunho da Palavra, que é o centro da vida cristã, é o Livro do Apocalipse[5]. No prólogo do Livro, já encontramos o objetivo do escrito: revelar significa mostrar o que está escondido, tornar claro. É uma revelação que se faz, no

[5] Apocalipse quer dizer Revelação. Significa tirar o véu, desvelar, descobrir, manifestar e, portanto, revelar.

entanto, pelo mistério. Somente os que têm a chave para a compreensão desse mistério – a fé em Jesus Cristo e a experiência do encontro com ele – conseguirão fazer o caminho proposto pelo livro e terão acesso a tais revelações. Portanto, não há mistérios ou segredos escondidos, há palavras de profecia e mística dirigidas especialmente à comunidade, a fim de mantê-la firme no anúncio e no testemunho que recebeu do próprio Cristo Jesus:

> Revelação de Jesus Cristo, que Deus lhe deu para que mostrasse aos seus servos as coisas que devem acontecer em breve. Ele a deu a conhecer, por seu anjo, a seu servo João, que atesta a Palavra de Deus e o testemunho de Jesus Cristo, segundo o que viu. Bem-aventurado aquele que faz a leitura, e bem-aventurados os que ouvem as palavras da profecia e guardam o que nela está escrito, pois o tempo está próximo (Ap 1,1-3).

Conforme comentamos ao fim do estudo do Antigo Testamento, na seção precedente, o livro do Apocalipse pertence ao conjunto da literatura apocalíptica judaico-cristã. No caso particular do Apocalipse de João, o contexto histórico de fundo é a perseguição aos novos cristãos imposta pelo Império Romano. Àqueles que ouviam o querigma, acreditavam em Jesus e decidiam trilhar o caminho discipular, não se podia prometer alguma retribuição neste mundo. A afirmação da fé em Jesus, neste mundo, poderia sugerir um risco à vida das pessoas, dada a dura perseguição do Império. O livro do Apocalipse, assim, visa catequizar seus ouvintes leitores para a grande recompensa que espera os que estão dispostos a professar a fé em Jesus: a coroa da vida eterna, um lugar no céu (cf. Ap 7,13-17).

O livro contém, portanto, uma catequese bem determinada: esperança, profecia e mística. Muito provavelmente, o livro do Apocalipse tenha sido escrito nos anos 90-100 d.C. Época de muita perseguição e martírio dos cristãos. Visava animar os primeiros cristãos perseguidos e martirizados por causa de sua fé, apresentando uma nova face do mesmo Senhor anunciado no NT: Jesus Cristo ressuscitado, aquele mesmo que fora imolado (cf. Ap 5,6), o único Senhor e o Vencedor de todas as forças do mal.

Assim, a revelação comunicada a João, por ele transmitida à comunidade, vem do próprio Jesus Cristo. Ela fornece informações de coisas que vão acontecer em breve para o povo daquele tempo, que vivia em uma situação de perseguição e sabia que não estava distante o momento em que passaria desta vida à vida em Cristo. A revelação se dá, então, por meio de sinais. Não há como descrever objetivamente as realidades celestes, as quais João conhece pela experiência profunda de sua fé. É preciso referir-se a essas realidades recorrendo a uma linguagem simbólica e velada, que hoje não é mais tão compreensível a nós, mas que era bem compreensível às comunidades da época. Por isso João usa um estilo literário especial, em forma de código, que somente os eleitos – os que decidiram seguir Jesus e foram admitidos ao discipulado pela comunidade – são capazes de compreender.

Por essa ampla utilização dos símbolos, o livro do Apocalipse, à primeira vista, parece ser um livro difícil. No entanto, uma leitura atenta leva o ouvinte leitor a perceber que o Apocalipse é um livro de esperança, resistência, mística e profecia. Há uma realidade de salvação que está em curso. Enquanto, neste mundo, a comunidade sofre com a perseguição, no plano celeste a salvação está sendo preparada e é já uma realidade para aqueles que perderam sua vida por causa da fé. O Apocalipse é o livro do cumprimento da palavra de Jesus: "Quem quiser salvar sua vida, a perderá; mas quem perder sua vida por causa de mim, a encontrará" (Mt 16,25). Procura animar a comunidade em momentos críticos de perseguição do Império Romano e o faz por meio do anúncio da esperança.

Aí está a raiz objetiva do conteúdo e do anúncio. Não podemos interpretá-la como uma espécie de adivinhação do futuro. Trata-se de uma profecia que mostra o sentido das Igrejas na história. O centro da mensagem do Livro é Jesus Cristo: Ele morreu, está vivo e age na história em defesa da sua comunidade (Ap 1,1-3).

A intenção catequética pedagógica é levar os cristãos, espalhados nessas Igrejas do Apocalipse, a aderirem a Jesus Cristo, formando novas comunidades a partir da disposição ao martírio e da esperança na vida eterna. Ele vem às Igrejas para chamar à conversão. Por ter grande amor a cada uma delas, corrige e educa (Ap 3,19).

O livro do Apocalipse não pode ser negligenciado por nós, que às vezes nos afastamos dele porque o consideramos complicado, especialmente porque trabalha um dos fundamentos da mensagem cristã: a esperança da vida eterna em Cristo. Hoje, não sofremos, no Brasil, a mesma perseguição que a primeira comunidade que ouviu o Apocalipse sofria. No entanto, podemos ler o Apocalipse como anúncio do que de fato deve ser nossa motivação para enfrentar os desafios cotidianos. O que nos anima, como discípulos, a manter-nos fiéis aos ensinamentos recebidos no caminho da vida cristã não são recompensas presentes, não são bens materiais, não são reconhecimentos pessoais, não são proteções pessoais, mas é a esperança pelo Reino. Essa esperança também se impõe sobre nossa atuação como discípulos. É por acreditarmos firmemente nas realidades futuras que dedicamos nosso discipulado a marcar nosso mundo, já com os sinais daquilo que virá - eis a missão da Igreja. Assim, não passamos alheios pelo mundo, mas fazendo da vida terrena uma experiência prévia, ainda não completa, das realidades que um dia experimentaremos e que não esperamos com incerteza, mas com absoluta confiança, porque temos a certeza de que a esperança que brota de nossa fé nunca decepciona (Rm 5,5).

c) O risco do fundamentalismo

Têm crescido em nosso tempo, inclusive em meios católicos, formas fundamentalistas de ler a Bíblia. Essas formas estão muito presentes na leitura de trechos mais difíceis, como é o caso do Apocalipse, mas também para o restante da Escritura, especialmente em trechos cuja mensagem parece muito objetiva, esse risco tem sido muito presente. Quando falamos em fundamentalismo, já há um estereótipo que nos faz associar o fenômeno a outras religiões ou igrejas e até a práticas de terrorismo em nome da fé. Sem perceber, a afirmação desses estereótipos impediu que percebêssemos que o fundamentalismo também estava já presente no campo cristão, praticado de modo inocente, prejudicando a forma como lemos a Bíblia e a compreendemos.

O fundamentalismo é um movimento que teve sua origem nos Estados Unidos, na segunda metade do século XX, como reação ao avanço do secularismo. Formas de leitura fundamentalista, no entanto, sempre existiram na leitura bíblica. À época, um grupo de protestantes norte-americanos se autodenominou fundamentalista por defender os fundamentos da fé, em uma tentativa de impedir que a religião fosse deixada em segundo plano, em uma sociedade que valorizava cada vez mais o conhecimento e as ciências e começava a ver a religião em oposição a esses elementos modernos. A intenção de voltar aos fundamentos da religião nunca foi um problema – o Concílio Vaticano II também tem essa proposta. O problema estava em alguns dos modos como se propôs realizar esse retorno, em um movimento que, daí em diante, se podia chamar de fundamentalista.

Podemos definir o fundamentalismo bíblico como a pretensão de alcançar a mais pura verdade dos textos em um movimento de leitura não mediado por um método ou pela interpretação. Os fundamentalistas creem ser possível ler o texto e interromper o processo de interpretação, apreendendo o que o texto diz sem a interposição de conhecimentos, pressupostos, métodos ou mediações. Acreditam que, dessa forma, estão alcançando, de modo mais direto, o que o texto diz. Essa não é a forma como a Igreja ensina a ler a Bíblia, nem mesmo é uma possibilidade de leitura segundo os estudos literários.

Na verdade, vários tipos de fundamentalismo desenvolveram-se a partir do movimento norte-americano, inspirados pelos mesmos ideais de retorno aos fundamentos da fé, mas alcançando efeitos diversos e, por vezes, perigosos. Karen Armstrong notou que há um padrão nesses fundamentalismos:

> são formas de espiritualidade combativas, que surgiram como reação a alguma crise (...). Os fundamentalistas não veem essa luta como uma batalha política convencional, e sim como uma guerra cósmica entre as forças do bem e do mal (...). Para evitar contaminação, geralmente, afastam-se da sociedade e criam uma contracultura; não são, porém, sonhadores utopistas (Armstrong, 2009, p. 11).

Esse modo combativo de entender a religião veio da necessidade de reagir a um movimento de abertura da fé às análises e aos questionamentos modernos e pós-modernos. Essa reação gerou também uma forma específica de ler os textos sagrados. Se, na religiosidade, a intenção era recuperar os fundamentos principais da fé, na leitura dos textos, a intenção seria retornar ao significado original, procurando compreendê-los em sua forma mais pura. Foi daí que surgiu a forma fundamentalista de ler a Bíblia como a pretensão de ler e acessar sua mensagem sem a mediação da interpretação.

Para os fundamentalistas, eles praticam a leitura mais pura e objetiva do texto bíblico, porque procuram compreender seu sentido de maneira direta, imediata à leitura, sem passar por nenhuma interpretação, que – para eles – poderia tornar a leitura arbitrária. Esse ideal é atrativo, ainda hoje, e representa um grande risco porque, à primeira vista, pode parecer uma intenção legítima: quem de nós não gostaria de ler a Bíblia em um método que fornecesse um acesso seguro à verdade pura do texto? Além disso, o texto acaba parecendo mais acessível a qualquer pessoa, porque não é necessário nenhum conhecimento prévio ou método ou formação para acessá-lo. Também os fundamentalistas parecem pessoas corajosas e convictas, dispostas a brigar e mover empenhados processos em defesa da fé e do texto bíblico – vão se tornando pessoas aclamadas como chefes de "exércitos" de defensores da fé. Ingenuamente, muitos se deixam encantar por essa aparente coragem e fidelidade e vão reforçando um movimento que associa o texto bíblico a defesas morais e doutrinárias, feitas de modo cada vez mais duro e combativo.

Daí a importância de conhecermos o fundamentalismo e o que ele pretende. Nós, que somos catequistas, não podemos nos deixar levar por essa ilusão de uma leitura "pura" do texto. Devemos, sim, buscar um método que nos conduza a uma segura interpretação do texto, a fim de encontrar com responsabilidade sua verdade, mas conscientes de que quem nos garante esse encontro é o Espírito e não nossos esforços combativos. Quando Deus revelou sua Palavra, ele o fez respeitando a criatividade de seus autores, em um processo de diálogo no Espírito, experimentado na vivência constante da fé. Também nesse diálogo espiritual, conduzidos pelo Espírito e aninhados na experiência comunitária, é que faremos o mesmo caminho, mas na direção inversa: do texto à Palavra. A leitura da Bíblia na Igreja é uma leitura interpretada, com vários pressupostos e com um método claro, que será mais explicitado quanto mais progredir a exposição deste livro.

Como reconhecer, então, uma leitura fundamentalista do texto bíblico? Nem sempre é fácil identificar uma leitura fundamentalista. Mas ao menos duas características devem ser vistas com ressalvas: 1) a leitura fundamentalista é aquela que costumamos chamar de leitura "ao pé da letra". Quem pratica essa leitura, portanto, tem dificuldade de pensar na possibilidade de refletir que os 7 dias da criação, em Gn 1, podem não significar um tempo cronológico, mas podem ter efeito simbólico, para indicar a perfeição da criação divina. Por mais que pareça fiel, essa leitura da Bíblia não deve ser aplicada sequer aos Evangelhos. 2) As leituras fundamentalistas, a exemplo desse tipo de religiosidade, costumam ser combativas e conflituosas: a partir do texto, produzem-se juízos de condenação a pessoas e grupos, preferindo discursos conflitivos a tipos de discurso que são conciliadores e pacíficos.

Evitamos o fundamentalismo quando estamos dispostos a situar o texto em seu contexto – histórico e literário – atentando para seu aspecto simbólico, quando for o caso, e mediando nossa compreensão por métodos. Para a Literatura e para a exegese bíblica, não há um momento entre a leitura e a interpretação: já lemos interpretando. Então, o estudo do texto bíblico ajuda muito a compreensão, mas, na Igreja, há dois elementos que deveriam, urgentemente, passar a fazer parte de nossa prática de leitura, especialmente para nós, catequistas: a *lectio divina* do texto – se for comunitária, melhor ainda – e a atenção ao serviço interpretativo do Magistério da Igreja. A exegese bíblica e a academia têm vários métodos de aproximação ao texto bíblico. Na Igreja, o método orante é o principal. Trataremos dele no próximo capítulo.

Não podemos esquecer que a Bíblia não foi escrita enquanto os acontecimentos se desenvolviam, mas sempre alguns anos depois. Sendo assim, toda a Bíblia é interpretação dos fatos, à luz da fé dos autores sagrados. Ora, se eles interpretaram os acontecimentos para construir os textos – e nesse movimento de interpretação pessoal e teológica reconhecemos a atuação da inspiração transformando a verdade revelada em Literatura –, então é o movimento contrário de interpretação, à luz da fé que nos permitirá fazer o mesmo caminho, mas na direção inversa: da Literatura à verdade revelada. Assim, a leitura fundamentalista precisa ser rejeitada por nós enquanto projeto de não interpretação, e isso em todos os textos: dos mais simples aos mais complexos. Às vezes, a interpretação levar-nos-á a reconhecer que o texto está sendo muito claro e ensinando aquilo que em uma primeira leitura emerge –, mas isso não nos pode isentar do esforço de buscar sempre a interpretação autêntica e comprometida das camadas simbólicas do texto bíblico.

José Luiz Gonzaga do Prado identifica dois tipos possíveis de fundamentalismo: o fundamentalismo perverso e o fundamentalismo ingênuo (Prado, 2018, p. 364-365). O fundamentalismo perverso, segundo o autor, é usado para "justificar ou 'fundamentar' comportamentos rígidos e modos de agir totalitários a partir de princípios religiosos" (Prado, 2018, p. 365). Geralmente, ele é praticado conscientemente por líderes religiosos – seja ministros ordenados ou leigos – com a finalidade de angariar seguidores, controlar pensamentos e fazer com que as pessoas reproduzam suas opiniões, que são geralmente conflitivas e ideológicas, contra aqueles que têm uma interpretação da Bíblia mais aberta às simbologias e à reflexão a respeito de possibilidades diversas. É o que chamamos de instrumentalização: utilizar-se da liderança que se tem, do ponto de vista da fé, em um determinado grupo para alcançar privilégios e realizar interesses pessoais. Há que se destacar que os fundamentalistas perversos, na maior parte das vezes, também são contra o Papa e o Magistério vivo da Igreja, contrariando-os em suas próprias interpretações. Para a Igreja, a não observância do ensinamento do Magistério já é, por si só, um motivo pelo qual não considerar essas interpretações como dignas de fé.

O fundamentalismo ingênuo, por sua vez, é o praticado pela grande massa do povo que, não sentindo segurança de ler a Bíblia e questionar as interpretações que escuta, reproduz os discursos desses líderes. Daí a importância de buscar o conhecimento e a formação bíblica, para que não nos tornemos instrumentos dos líderes fundamentalistas, mas saibamos identificar as leituras que são realmente coerentes com a fé, que promovem comunhão quando compartilhadas e que, portanto, devem ser ensinadas na Catequese. Nesse ponto, é importante que o catequista e a catequista sejam pessoas abertas ao diálogo e à escuta daqueles que pensam de forma diferente. Podemos dizer que a capacidade de ouvir o diferente é o que nos garante não cair na ingenuidade fundamentalista.

A escuta dos que pensam diferente de nós deve ser a escuta vulnerável, aquela que permite que a voz do outro alcance minha interioridade e confronte minhas convicções. Quando ouvimos apenas "um lado" dos pensamentos e das opiniões – geralmente aquele lado com o qual eu concordo – vou me fechando em uma bolha. Não me permito sequer pensar sobre o que propõe o outro e assim sempre o condeno como errado, como perverso, como lobo em pele de cordeiro. As redes sociais nos incentivam a viver nessas bolhas, oferecendo em nossos *feeds* sempre mais do mesmo que estamos acostumados a consumir. É preciso buscar informações para além daquilo que nos é apresentado quando abrimos nossos *apps* de redes sociais.

A interpretação fundamentalista não deve ser confundida com a busca pelo sentido literal da Escritura – esse, sim, considerado "não apenas legítimo, mas indispensável" (PCB, 1993, p. 94). No documento sobre **A interpretação da Bíblia na Igreja** (1993), a Pontifícia Comissão Bíblica ensina:

> O sentido literal da Escritura é aquele que foi expresso diretamente pelos autores humanos inspirados. Sendo o fruto da inspiração, este sentido é também desejado por Deus, autor principal. Ele é discernido graças a uma análise precisa do texto, situado em seu contexto literário e histórico (PBC, 1993, p. 95).

Adiante, o mesmo documento ainda afirma que o sentido literal da Escritura nem sempre é único, dado que, como Palavra inspirada, ele pode referir-se a diferentes níveis de realidade ou mesmo a diversos ensinamentos. É importante entender que, da mesma forma como devemos rejeitar interpretações muito arbitrárias e subjetivas, que deslocam o texto de sua raiz histórica e literária, devemos também rejeitar interpretações que deslocam o ouvinte-leitor da comunhão eclesial e da fidelidade ao mandamento único de Jesus e incentivam uma religiosidade excessivamente intimista, individualista e que coloque em relevo a culpa sobre a graça.

1. O que mais chamou sua atenção neste capítulo sobre a Formação?

2. Qual a importância do Êxodo e do Exílio na formação do Povo de Deus e na nossa?

3. Quais as implicações do querigma do Novo Testamento para a catequese hoje?

4. Qual risco o fundamentalismo traz para a IVC e a ABP?

2
ORAÇÃO

“Toda Escritura é inspirada por Deus e é útil para ensinar, para argumentar, para corrigir, para educar conforme a justiça” (2Tm 3,16). Nós, que cremos que a Bíblia transmite e ensina a Palavra de Deus, temos também o compromisso de ler seus textos de uma forma diferente, não como lemos qualquer outro livro, mas também não como se ouvíssemos uma revelação sobrenatural e fantasiosa. A leitura da Bíblia na Igreja precisa ser a leitura que, aberta ao Espírito, se converte em escuta para que o texto possa, como semente lançada em terreno fértil, tornar-se Palavra.

Ler a Bíblia com a Igreja

O Concílio Vaticano II, em sua Constituição Dogmática sobre a Palavra de Deus, a ***Dei Verbum*** (1965), ensina que “as coisas reveladas por Deus, contidas e manifestadas na Sagrada Escritura, foram escritas por inspiração do Espírito Santo” (DV 11). Essa inspiração não deve ser entendida como ditado ou como o que, em outras tradições religiosas, se poderia chamar psicografia. Pelo contrário, os autores bíblicos cooperaram com sua inteligência e sua criatividade no sublime processo de registrar, por escrito, uma parte da Palavra de Deus revelada. Assim, a inspiração pelo Espírito Santo, nos autores sagrados, faz-se na mesma simplicidade e no mesmo mistério que em nós, seus leitores: seja por uma experiência cotidiana de fé, seja por um momento extraordinário de acesso à Revelação. Por isso o mesmo Concílio nota que "a Sagrada Escritura deve ser lida e interpretada com o mesmo espírito com que foi escrita" (DV 12). Assim, a leitura bíblica na Igreja deve ser sempre a leitura orante, que tem como característica principal e marcante a abertura aos auxílios do Espírito, que garante que nossa leitura tão humana, ao encontrar textos tão humanos, possa neles entrever a sublime Palavra de Deus comunicada a nós. O Concílio lembra Santo Ambrósio ao indicar: "A leitura da Sagrada Escritura deve ser acompanhada de oração para que seja possível o diálogo entre Deus e o homem; porque 'a Ele falamos, quando rezamos, a Ele ouvimos, quando lemos os divinos oráculos'" (DV 25).

Em outros contextos, a Bíblia pode ser lida de outras formas: na academia, ela tem sido lida como Literatura; nos institutos teológicos, a partir da exegese, dos estudos históricos, de outros métodos. Mas, na Igreja, a Bíblia é Palavra de Deus, que se escuta pela oração. É claro que os resultados dos estudos acadêmicos sobre a Bíblia contribuem para uma leitura eclesial sempre mais fiel àquilo que o texto realmente transmite, evitando os excessos do fundamentalismo, causado por uma falta de rigor metodológico. É por isso que, para o catequista – assim como para os ministros ordenados e outros ministérios leigos – a formação intelectual é importante. Mas ela só não será suficiente. Podemos dizer, inclusive, que aprender os conteúdos bíblicos é mais fácil do que saber rezar com a Palavra e, mais que isso, conduzir outros à mesma experiência.

Ainda como expressão da atitude orante de abertura ao Espírito, há outro elemento que caracteriza a leitura eclesial da Escritura: a fidelidade ao serviço interpretativo do Magistério. A esse respeito refere-se a *Dei Verbum*:

> Porém o encargo de interpretar autenticamente a palavra de Deus, escrita ou contida na Tradição, foi confiado só ao magistério vivo da Igreja, cuja autoridade é exercida em nome de Jesus Cristo. Este magistério não está acima da palavra de Deus, mas sim ao seu serviço, ensinando apenas o que foi transmitido, enquanto, por mandato divino e com a assistência do Espírito Santo, ouve-a piamente, a guarda religiosamente e a expõe fielmente, haurindo deste depósito único da fé tudo quanto propõe à fé como divinamente revelado (DV 10).

Dessa forma, toda leitura da Bíblia que se faz na Igreja, além do espírito orante, precisa ser feita em consonante fidelidade ao ensinamento do Magistério vivo – que, conforme ensina o Catecismo da Igreja Católica, são os “bispos em comunhão com o sucessor de Pedro, o bispo de Roma” (CIgC 85). Isso quer dizer que nada do que se diz e ensina a respeito da Escritura na Igreja deve estar fora da forma como o Papa e os bispos que estão em comunhão com ele tem interpretado a Palavra de Deus contida na Escritura e na Tradição. Uma leitura da Bíblia que possibilite afirmações que contrariem, por exemplo, o ensinamento do papa Francisco, não é uma leitura eclesial da Bíblia.

A fidelidade ao serviço interpretativo do Magistério não deve ser compreendida, no entanto, em termos de controle, mas como extensão da abertura ao Espírito, que fala à Igreja por meio daqueles que são especialmente chamados ao múnus do ensinamento – os bispos, em comunhão com o Papa. É o mesmo Espírito que congrega a Igreja como Povo de Deus em comunhão, em uma dinâmica sinodal de diversos carismas e diversos serviços. Assim, a autêntica interpretação, própria ao Magistério, não é um privilégio dado somente a alguns, que fecharia o acesso à Escritura para outros; do contrário, é um serviço especialmente confiado àqueles que, por meio de seu ministério, abrirão aos outros um acesso cada vez mais claro à compreensão da Bíblia para que, por meio dela, se chegue à escuta da Palavra.

No ensinamento do Magistério encontramos, por exemplo, as linhas autênticas de atualização da Palavra – que não é, por sua vez, mudança da Verdade eterna revelada, mas a forma como hoje, nos contextos próprios de cada povo e cada lugar, a Verdade sempre revelada pode ser encontrada e compreendida. É nesse sentido que o próprio Concílio faz a ressalva de que o ensinamento magisterial não está acima da Palavra – não pode corrigi-la, acrescentar algo a ela, mudá-la, omiti-la –, mas está a serviço de sua comunicação autêntica, em cada tempo e em cada lugar. Hoje, não se compreende a Palavra como em outros tempos. Não porque ela tenha mudado, mas porque os tempos mudaram e podem ter mudado até mesmo nossos referenciais de significação. Ao Magistério vivo, portanto, é confiado o serviço do autêntico câmbio entre a Palavra eterna e a forma como hoje, em nosso contexto, podemos conhecê-la.

Um catequista comprometido será aquele que, em seu cotidiano e em sua prática, procura conhecer o ensinamento do Magistério vivo da Igreja e procura, em seu próprio ensinamento, em sua própria leitura orante da Bíblia e, especialmente, na leitura orante que faz com seu grupo de catequizandos, permanecer em fidelidade não só ao que a Tradição da Igreja afirmou ao longo dos séculos, mas sobretudo à forma como o Magistério vivo interpreta e ensina a Palavra de Deus transmitida pela unidade entre a Escritura e a Tradição.

Leitura orante da Bíblia e *lectio divina*

Toda leitura bíblica que se faz na Igreja, portanto, deve ser a leitura orante. Não estamos falando da leitura que se faz dentro dos Templos apenas, mas de toda leitura que, em nome da Igreja, as pequenas comunidades reunidas fazem: na liturgia, na Catequese, nos encontros em família. Também consideramos a leitura individual que, por convite da Igreja, o fiel faz. Leitura orante da Bíblia é a leitura que se faz em oração, e isso segundo diversos modelos e diversas práticas.

Há uma prática de leitura orante, porém, que estabelece muito bem o diálogo com Deus que se inicia na oração e, portanto, tornou-se uma tradição na Igreja desde a época monástica (antes mesmo do séc. VI): a *lectio divina*. Quando a caracterizamos como um método monástico, pode até ser que a *lectio divina* passe a parecer um método para as elites intelectuais ou ascéticas, mas, na verdade, é um método simples e acessível a todas as pessoas.

Vivemos um tempo em que o simples e o cotidiano vão perdendo lugar para o que é extraordinário, mágico e pomposo. A grande massa de pessoas busca uma experiência religiosa do maravilhoso: grandes celebrações que mais se assemelham a shows, onde acontecem curas espetaculares e grandes revelações. Ao mesmo tempo em que cresce o número de pessoas que buscam esse tipo de experiência religiosa, cresce também o número das pessoas que, alimentadas por esse tipo de oração, sentem o vazio de uma vida distante de Deus. Em um mundo caracterizado pelo consumismo, pelo imediatismo, pelo individualismo, pela velocidade das informações e pelo grande volume de conteúdos à mão, em nossos celulares, o retorno àquilo que é simples para encontrar Deus é um testemunho profético.

Por isso a Igreja vem recomendando nas últimas décadas que se retome o método da *lectio divina*. Após o Sínodo sobre a Palavra de Deus, o papa Bento XVI destacou:

> Nos documentos que prepararam e acompanharam o Sínodo, falou-se dos vários métodos para se abeirar, com fruto e na fé, das Sagradas Escrituras. Todavia prestou-se maior atenção à *lectio divina*, que "é verdadeiramente capaz não só de desvendar ao fiel o tesouro da Palavra de Deus, mas também de criar o encontro com Cristo, Palavra divina viva" (VD 87).

Também, na ***Evangelii Gaudium*** (2013), o papa Francisco a recomendou: "Há uma modalidade concreta para escutarmos aquilo que o Senhor nos quer dizer em sua Palavra e nos deixarmos transformar pelo Espírito: designamo-la por *lectio divina*. Consiste na leitura da Palavra de Deus em um tempo de oração, para lhe permitir que nos ilumine e renove" (EG 152).

Também chamada Escada dos Monges, a *lectio divina* foi um esquema de oração desenvolvido com o objetivo de levar a pessoa a um movimento ascendente de diálogo com o Senhor, a partir da Palavra e da contemplação da própria vida. São quatro os degraus dessa escada, que são também os passos da *lectio divina*: **1. Leitura**; **2. Meditação**; **3. Oração** e **4. Contemplação**. Embora a palavra contemplação dê nome ao quarto passo do método, ela é o grande objetivo da *lectio divina*: que sejamos capazes de contemplar Deus na vida e no cotidiano em que estamos inseridos, a partir das motivações e da iluminação que a leitura da Palavra pode possibilitar.

O silêncio e o dom da contemplação

A religiosa norte-americana Thelma Hall, ao ensinar sobre a *lectio divina*, destaca a contemplação como grande expressão do amor do fiel para com o Senhor. Nessa dinâmica de amor profundo e verdadeiro, o **silêncio** é a grande resposta e a principal via de comunicação:

> Há uma dinâmica interna na evolução de todo amor verdadeiro que leva a um nível de comunicação "profundo demais para palavras". Nesse nível, aquele que ama torna-se

> inarticulado, fica silencioso, e o amado recebe o silêncio como eloquência (Hall, 2015, p. 15).

Eis, portanto, o primeiro desafio para que, hoje, em comunidades, possamos retomar a *lectio divina* como prática: é-nos muito difícil silenciar e, principalmente, encontrar respostas no silêncio. Temos medo de ficar em silêncio, porque ali encontramos as vozes mais profundas que, de nosso íntimo, denunciam nossas carências, nossas falhas, nossos medos. Por isso ocupamos nossa vida: seja com uma agenda lotada que não nos permite parar; seja com o barulho da TV, quando estamos sozinhos em casa. O método da *lectio divina* exige que sejamos capazes de silenciar profundamente para que, no confronto daquilo que nos é mais íntimo com a Palavra, possamos ouvir o Senhor que nos fala por intermédio do Espírito.

A *lectio divina* é, portanto, um método desafiador: não se faz com qualidade sem uma adequada disposição interior, mas vai se tornando mais fecunda à medida que persistimos em sua experiência e crescemos na oração. Pode ser que no início nos seja difícil silenciar, seja difícil encontrar a correta medida desse confronto de nós mesmos à luz da Palavra, mas é pela perseverança em sua prática que vamos aprendendo o silêncio verdadeiro da oração diante de Deus. Nele, rompemos as ansiedades de sempre precisar dizer alguma coisa ao Senhor, lembrar pedidos, forçar agradecimentos. Fomos acostumados a orações cheias de palavras, que muitas vezes não dão espaço para que fale a Palavra. Assim alcançar o silêncio durante a oração é um modo de já assumir certa contemplação, "um descanso em Deus, ou um olhar amoroso para ele, ou um conhecimento além do conhecimento, ou uma atenção extática para Deus" (Hall, 2015, p. 19).

Dessa forma, o dom da contemplação não é o dom de visões extraordinárias, mas o dom – sim, dom e não somente esforço – de manter os olhos sempre fixos no Senhor (cf. Hb 12,1-2) em todo momento, em toda situação e com todo o ser. Por isso a contemplação é o grande objetivo da *lectio divina*: enquanto lemos o texto, não está em primeiro plano o que nós queremos dizer ou o que nós queremos mostrar, mas o que Deus nos fala e nos mostra por sua Palavra; quando terminamos, não permanece em nós o que nós pudemos entender ou o que nós quisemos registrar, mas aquilo que a Palavra registrou em nós e a forma como manteremos nossos olhos fixos nela, mesmo enquanto seguimos nossa vida e nossos afazeres.

O método da *lectio divina* é um método dialogal: em seus dois primeiros passos, ouvimos a Palavra; em seus dois últimos, oferecemos nossa resposta. Antes de passar à explicação desses quatro passos, é importante ter claro que, mesmo nos dois últimos – aqueles em que oferecemos nossa resposta – trata-se de uma resposta orientada por aquilo que ouvimos de Deus. É frustrante uma conversa na qual fazemos perguntas a alguém e esse alguém retorna com assuntos desconexos, sem responder ao que perguntamos. Nossa resposta a Deus não pode ser essa, mas precisa ser aquela que corresponde ao que ele interpela, por meio de sua Palavra e de seu Espírito. Por isso é imprescindível a escuta atenta e mediada pelo Espírito, o grande comunicador, aquele que torna compreensível a nós a Palavra de Deus que foi registrada na Bíblia. Desse modo o ponto zero da *lectio divina* será sempre a oração ao Espírito Santo, para que ele guie o coração e o intelecto de quem reza à escuta atenta da Palavra e à resposta fiel ao Senhor.

Os quatro degraus da *lectio divina*

Ao falar sobre os quatro degraus da *lectio divina* – ou seus quatro passos – imaginamos logo um grupo de pessoas sentadas em círculo com a Bíblia sobre as mãos ou alguém em sua escrivaninha, no quarto, à noite, em sua oração pessoal. É verdade que são essas as posturas mais óbvias de uma comunidade que pratica a *lectio divina* ou alguém que a cultiva como prática de oração pessoal. É importante observar, no entanto, que é *lectio divina* toda circunstância de oração com a Palavra que se estruture a partir desses quatro degraus – desde que realizados segundo seus princípios. Uma homilia pode ser preparada segundo a *lectio divina*, por exemplo, desde que ofereça a meditação em seus quatro passos; um tempo de adoração ao Santíssimo pode ser estruturado a partir dos passos da *lectio divina*; um encontro de Catequese pode estar organizado segundo esses quatro degraus.

Leitura

Após uma oração de invocação ao Espírito Santo, o primeiro passo da *lectio divina* é a leitura. Nesse primeiro degrau, tomamos contato com o texto que será rezado naquele momento. É importante ter o texto bem definido e previamente informado às pessoas que rezarão juntas. Sozinho, você deverá ler o texto pausadamente, repetidas vezes, até que ele esteja claro para você. Em comunidade, é interessante que uma pessoa faça uma leitura clara e pausada do texto e depois se façam novas leituras, sempre intercaladas com tempos de silêncio para que a Palavra ouvida vá ganhando espaço naqueles que a ouvem. Em grupos, também há o costume de pedir que aqueles que estão lendo o texto repitam frases ou versículos que mais lhe chamam a atenção. É uma prática interessante porque ajuda a revisitar o texto, ainda que diferentes pessoas repitam o mesmo versículo.

O primeiro degrau é o tempo do contato com o texto. Então, nessa etapa, a pergunta norteadora é: **o que o texto diz?** Por isso, orientamos sempre que aquele que dirige a *lectio divina* ajude a comunidade a contemplar o texto, em suas construções textuais, no significado das palavras e, até mesmo, em seu contexto. Mas cuidado! Na *lectio divina* não há espaço para grandes exegeses ou para grandes pregações. Lembre-se sempre de que a *lectio divina* é exercício de escuta do Senhor e não espaço para o discurso daquele que dirige. Será, no entanto, de grande valor, que aquele que dirige – com grande responsabilidade de não se sobrepor ao texto. O privilégio deve sempre ser dado à Palavra e ao que ela diz. Praticando-a individualmente, aquele que lê pode tentar lembrar o que já ouviu ou aprendeu do texto, sempre procurando esclarecimento sobre o que ele diz. Não é ainda a etapa de procurar saber o que o texto diz para mim, mas contemplar o texto.

Meditação

No segundo degrau da *lectio divina*, somos convidados à meditação. Nesse passo, perguntamos, enfim: **o que o texto diz a mim, hoje?** É o passo que nos leva à confrontação entre a Palavra e a vida, procurando compreender de que modo aquele texto que lemos pode falar ao íntimo de cada pessoa que medita, em seus desafios e em suas angústias presentes, em suas memórias do passado, em seus sonhos futuros. É um passo íntimo, que acontece no segredo do coração e da consciência, mas que pode também possibilitar meditações comunitárias e compartilhadas, tanto mais em comunhão estiverem aqueles que rezam juntos.

Em comunidade, o responsável por dirigir o grupo pode propor algumas questões, algumas perguntas, que ajudem a comunidade a confrontar o texto e a vida. Na Catequese, o catequista pode propor algumas questões que direcionem e ajudem os catequizandos a meditarem a Palavra e encontrarem nela a direção pertinente àquela etapa da Iniciação à Vida Cristã. É interessante dar espaço para que as pessoas partilhem suas meditações, porque assim contemplamos como o Espírito fala a cada um a seu modo. No entanto, o papel de quem propõe a meditação é, primordialmente, o da direção: ele deve zelar para que a reflexão do grupo não extrapole as meditações que o texto possibilita, e esse deve ser o cuidado também de quem faz a *lectio divina* sozinho. Nós temos sempre muito a dizer diante de Deus: temos pedidos, temos ansiedades, temos medos, temos outras pessoas por quem rezar... embora esse seja o momento de confrontar a Palavra com a vida, não são todas as ansiedades que emergirão nesse passo, mas tão somente aquelas que a própria Palavra interpela.

O exercício de meditação é, também, exercício de silêncio e despojamento. Quem reza deve deixar que a Palavra entre em seu coração e em seu intelecto e lá encontre aquilo que, naquela ocasião, precisa ser confrontado. Não é passo de fala, mas de escuta; não sou eu quem escolho o que colocar sob a luz da Palavra, mas é ela própria quem lança seu feixe de luz sobre o que eu preciso, na sinceridade, apresentar diante de Deus. Às vezes, a Palavra confronta, em nosso íntimo, aquilo que gostaríamos que ficasse escondido e encoberto. Há memórias nossas, consciências de atitudes, lembranças de escolhas, que gostaríamos de esconder de nós mesmos, mas não devemos deixar ocultos à Palavra que chama. Em outros momentos, ela confrontará situações muito presentes, públicas, óbvias, como uma necessidade que a comunidade toda enfrenta em conjunto. A profundidade da oração não deve ser medida pelo esforço que ela nos leva a fazer – recuperar memórias das quais nos envergonhamos é, decerto, bem mais difícil do que lembrar desafios comunitários conhecidos e, então, choramos, emocionamo-nos... –, mas a autenticidade da oração se mostra pela perfeita correspondência entre o que a Palavra diz e o que ela faz emergir em nós. Quanto mais coerente for esse encontro – entre a Palavra e o que há em mim –, mais iluminado e claro estará o caminho que preciso seguir. Em outra palavra, poderíamos dizer que o passo da meditação é também o passo do discernimento, à luz da Palavra.

Oração

Então, aquele que confrontou em si a Palavra e a vida pode prosseguir para o terceiro degrau da *lectio divina*, que é o da oração. Se eu permiti que a Palavra iluminasse situações, memórias e sentimentos, eu já sei o que preciso dizer a Deus. Sei como prosseguir o caminho e sei de que forma preciso de seu amparo. Posso também ter descoberto que preciso agradecer algo que passou despercebido e guardei sem suficiente gratidão. Posso também pedir por alguém que, de alguma forma, esteja contemplado na meditação que fiz. Mais uma vez, é preciso ter cuidado para que esse não se torne um momento de preces espontâneas e variadas. Sim, diante de Deus, podemos pedir tudo e abrir o coração; mas esse passo da *lectio divina* é, especialmente, para que façamos a oração que brota da Palavra que estamos meditando. Por isso a grande pergunta que orienta esse passo é: **o que a Palavra que meditei me faz dizer a Deus?**

Esse é o primeiro passo da resposta. Escutamos a Deus nos dois primeiros, agora respondemos. Em comunidade, na Catequese, aquele que dirige a *lectio divina* pode propor que cada pessoa faça uma prece. Geralmente, escolhe-se como refrão de resposta algum versículo do próprio texto meditado. Em alguns casos, traz-se uma oração pronta: não é o ideal. O exercício da *lectio divina* é dinâmico e é orientado, em primeiro lugar, pelo Espírito Santo. É difícil prever o que o Espírito Santo comunicará a nós na meditação da Palavra e, então, far-nos-á dizer a Deus. Quanto mais espontâneo for o momento da oração, tanto mais autêntica será nossa resposta àquilo que a Palavra interpelou em nós.

O exercício da *lectio divina* é exercício de abertura à graça de Deus, que em nós convida à conversão. Deixar que a Palavra confronte nossa vida escancara em nós o que precisa ser mudado, para que possamos seguir de modo mais coerente com o projeto de vida do Senhor, explícito na Palavra ouvida com os ouvidos do Espírito. O momento da oração é o tempo para pedir de Deus as condições favoráveis para que a Palavra realize o que se mostrou necessário na meditação. Se na leitura, as sementes foram lançadas, na meditação, o terreno foi preparado. Com a oração, possibilitaremos que a Palavra enraíze em nós e não aconteça com ela como as sementes que até germinam, mas não se enraízam o suficiente e logo morrem.

A contemplação

Abertos à graça de Deus, chegamos, então, ao quarto degrau da *lectio divina*, sua finalidade: a contemplação. A grande pergunta norteadora é: **como contemplar a Palavra que meditei em meu cotidiano?** O confronto entre a vida e a Palavra indica o caminho a seguir. Pode escancarar as mudanças que são necessárias, pode confirmar as direções escolhidas. Em todo discernimento, no entanto, a graça de Deus precisa ser recebida em esforços pessoais e disposições muito objetivas, que fazem com que a Palavra se torne fruto e se realize e, enfim, possa ser contemplada na vida cotidiana. Por isso o quarto passo não se realiza inteiro no tempo da *lectio divina*, mas é o início de um processo. No quarto degrau, é interessante pensar quais atitudes concretas podem cooperar para a efetiva contemplação, fazendo propósitos e compromissos de mudança de vida ou de fidelidade à Palavra. Na Catequese, é interessante ajudar para que todos possam fazer propósitos possíveis, simples, mas com os quais de fato se faça um compromisso, começando por atitudes simples, que possam ser cumpridas até o encontro seguinte, mas também incluindo propósitos maiores de vida.

Essa Palavra, que se realiza na vida, é que buscamos contemplar com a *lectio divina*. O passo da contemplação é, também passo de resposta a Deus, passo de adesão à Palavra meditada. A Escritura não é apenas uma obra de arte que conhecemos e visualizamos, em êxtase, mas é um projeto em cujo conhecimento avançamos sempre mais para deixar que ele transforme nosso coração e vá configurando nosso ser, até que nós e o mundo a nossa volta nos tornemos a tela sobre a qual a Palavra expõe suas belas figuras. O objetivo final da *lectio divina* é a contemplação que melhor se explica como adesão, que deseja amadurecer em discipulado. Por meio dela, dispomos nossos esforços e nossa cooperação para que aquilo que, à luz da Palavra, vislumbramos em nossa vida, se realize. Trata-se, então, de uma contemplação ativa: não a de sentar em um mirante para contemplar o pôr do sol, mas a de regar diariamente o jardim para um dia sentir seu perfume.

1. O que você mais gostou neste capítulo e por quê?

2. Em seu ministério catequético, você consegue fazer a experiência da Leitura Orante conforme é apresentada no texto?

3. Partindo da leitura do capítulo, o que está faltando em nossas dioceses, prelazias, paróquias e comunidades para que IVC e a ABP aconteçam?

3
ANÚNCIO

O anúncio da Palavra, sobretudo do Evangelho de Jesus Cristo, é parte fundante de todo o processo catequético. O objetivo do anúncio sustenta a Escritura desde o Antigo até o Novo Testamento. Já no Antigo Testamento, encontramos o compromisso com o anúncio do Senhor às novas gerações: "Aquilo que ouvimos e aprendemos, o que nossos pais nos contaram, não ocultaremos a seus filhos. Vamos contar à geração futura os louvores do Senhor e seus prodígios, as maravilhas que Ele realizou" (Sl 78,3-4) e, ainda: "E quando teu filho, amanhã, te perguntar: 'que significa isto?', tu lhe dirás: com mão poderosa o Senhor nos fez sair do Egito, da casa da escravidão" (Ex 13,14).

A catequese consiste em narrar os acontecimentos e as maravilhas que o Senhor Deus realiza na vida daqueles e daquelas que se deixam encantar por sua Palavra. Essa não é uma narrativa somente instrucional, mas, conforme os exemplos de ensinamento do Antigo Testamento e do Novo Testamento, um anúncio que se faz, antes de tudo, pela partilha, pela orientação amorosa, pela comunhão de vida, em um itinerário longo e processual. No Novo Testamento, a expressão desse anúncio, que perpassa a vida e contribui para a organização e formação das primeiras comunidades cristãs, está muito explícita na teologia da comunidade joanina:

> O que era desde o princípio, o que ouvimos, o que vimos com nossos olhos, o que contemplamos e nossas mãos apalparam da Palavra da Vida – vida esta que se manifestou, nós vimos e testemunhamos [...] –, isso que vimos e ouvimos, nós vos anunciamos (1Jo 1,1-5).

Dessa forma a contribuição específica dos catequistas quanto ao anúncio da Palavra é a de propor, no seio das comunidades cristãs, o anúncio querigmático, ou seja: aquele que cultiva a primazia do primeiro anúncio de Jesus Cristo como anúncio fundamental em toda a ação evangelizadora da Igreja. A eficácia desse anúncio terá como expressão a formação de comunidades vivas e atuantes, que tenham a unidade na fé e na missão como característica fundamental. A Catequese propõe o querigma àqueles que estão em processo iniciático e, ao encantar os iniciandos pela proposta do discipulado e alcançar sua adesão, também forma discípulos dedicados a fazer ecoar o mesmo anúncio querigmático que os seduziu, transformou suas vidas e propôs-lhes um caminho novo, com uma direção segura e um ponto de chegada, ao qual nenhum outro anúncio poderia conduzir.

Assim um primeiro termo, que está profundamente associado ao anúncio, é o testemunho. Em Lucas, encontra-se: "Vós sois as testemunhas destas coisas" (Lc 24,48) e no livro dos Atos dos Apóstolos se repete a mesma ideia do transmitir e testemunhar as maravilhas que Deus realiza em favor da vida humana: "E disto nós somos testemunhas" (At 3,15). Tanto no Evangelho como em Atos dos Apóstolos, o contexto é o do querigma, do alegre anúncio da ressurreição de Jesus Cristo. Em Jesus Cristo, o Crucificado Ressuscitado, está a novidade da fé cristã, o núcleo central do querigma. Aquele que anuncia o querigma só o proporá de maneira atraente e eficaz se conseguir testemunhar as alegrias de seu acolhimento, a começar por sua própria vida.

A palavra querigma deriva do verbo grego *keryssein*, que significa proclamar, pregar, anunciar, tornar algo conhecido. Expressa assim, desde os primórdios do cristianismo, o núcleo central da Boa-Nova da salvação de Jesus Cristo. É o primeiro anúncio do Evangelho, sua essência é proclamar um grande acontecimento salvífico: "A esse Jesus, a quem vós crucificastes, Deus o constituiu Senhor e Cristo" (At 2,36). E ainda: "Não vos assusteis! Buscais Jesus, o nazareno, o crucificado? Ele ressuscitou!" (Mc 16,6).

O conteúdo do primeiro anúncio é fundamental no processo formativo dos novos discípulos de Jesus Cristo. Nesse sentido, assim expressa o episcopado brasileiro:

> O conteúdo essencial do primeiro anúncio (querigma) trata da vida de Jesus de Nazaré, de sua pessoa, de sua mensagem, de sua missão e de seu momento culminante de morte e ressurreição (Páscoa). Por aí passou a formação progressiva de novos discípulos. Nesse processo, contavam sempre com a ação do Espírito Santo, presente no testemunho de vida dos que faziam parte das comunidades cristãs (Doc 107, 2017, 30).

O papa Bento XVI, em sua Encíclica Deus Caritas Est, afirma que "a natureza íntima da Igreja exprime-se em um tríplice dever: anúncio da Palavra de Deus (kerygma-martyria-didaché), celebração dos Sacramentos (leiturgia), serviço da caridade (diakonia). Esses são deveres que se reclamam mutuamente, não podendo um ser separado dos outros" (DCE 25).

Na *Evangelii Gaudium*, o papa Francisco ressalta a centralidade do querigma e a necessidade de uma evangelização querigmática, recordando que o querigma é "o amor pessoal de Deus que se fez homem, entregou-se a si mesmo por nós e, vivo, oferece sua salvação e sua amizade" (EG 128). E ainda afirma que o "primeiro anúncio, ou o querigma, deve ocupar o centro da atividade evangelizadora e de toda renovação eclesial" (EG 164). E que "na boca do catequista, volta a ressoar sempre o primeiro anúncio: Jesus Cristo ama-te, deu sua vida para te salvar, e agora vive contigo todos os dias para te iluminar, fortalecer, libertar" (EG 164).

Na verdade, anunciar o querigma é partilhar o dom da experiência da ressurreição. Assim foi desde o início das primeiras comunidades cristãs. Em At 2,14-41, aparece de forma explícita esse anúncio que encanta as pessoas que sabem acolher a Palavra. Logo após a festa de Pentecostes (At 2,1-13), Pedro anuncia o querigma, primeiro aos judeus (At 2,14-36) e depois aos pagãos, em geral (At 2,37-41). O anúncio da paixão, morte e ressurreição de Jesus Cristo é o núcleo da fé cristã, é o querigma por excelência. Com esse anúncio, Pedro desperta o coração de quem o ouvia, provocando neles o desejo de conversão.

A catequese de Pedro contagia porque parte do anúncio de uma Palavra com a qual ele já havia se encontrado, em uma relação profunda e transformadora. Só então ele se torna capaz de transformar essa experiência pessoal em Palavra, que encanta corações, provoca desejo de mudança. A catequese de Pedro é exemplo para a nossa, especialmente porque acompanhamos o itinerário iniciático de Pedro nos Evangelhos. Ele conhece o Senhor, deixa tudo – seu ofício e suas seguranças de um senhor de meia-idade – para tornar-se discípulo, ele erra e acerta, às vezes tem medo, mas também tem um amor enorme por Jesus. É depois desse itinerário de amadurecimento no discipulado que Pedro vai dedicar-se ao anúncio de Jesus Cristo.

Na primeira parte da narrativa (At 2,14-36), Pedro, juntamente com o grupo dos Apóstolos, dirige-se aos homens da Judeia e habitantes de Jerusalém, para oferecer-lhes o anúncio explícito da Paixão, Morte e Ressurreição de Jesus. Convida-os a prestar atenção e escutar suas palavras:

> Jesus de Nazaré foi um homem comprovado por Deus junto de vós, pelos milagres, prodígios e sinais (...) e vós o matastes, pregando-o numa cruz. Deus, porém, o ressuscitou, libertando-o das angústias da morte (...). Portanto, que toda a casa de Israel reconheça com plena certeza: a esse Jesus, a quem vós crucificastes, Deus o constituiu Senhor e Cristo (At 2,22.24.36).

O querigma, quando acolhido, causa mudança na vida daqueles e daquelas que o acolhem e desejam mudar de vida: ouvindo isso, eles sentiram o coração traspassado e perguntaram a Pedro e aos demais Apóstolos: "Irmãos, que devemos fazer?" Agora vem a consequência prática do querigma: "Arrependei-vos, e cada um de vós seja batizado em nome de Jesus Cristo" (At 2,38). Conversão, adesão a Jesus Cristo e inserção na comunidade são caraterísticas da acolhida do querigma.

O texto conclui afirmando que: "Os que aceitaram as palavras de Pedro receberam o Batismo" (At 2,41). Acolher o querigma requer mudança de vida, reconfigurar-se em Jesus Cristo por meio do batismo e inserir-se na vida da comunidade. É preciso morrer para a velha vida e renascer com Cristo para uma vida nova que culminará na vida eterna. A experiência dessa passagem, para nós, é selada pelo sacramento do Batismo recebido, mas é renovada e aprofundada na experiência comunitária de cada dia – é por isso que o Batismo nos insere na comunidade cristã: é nela que aprenderemos, cotidianamente, as renúncias à vida de pecado, à vida sem Cristo e aprenderemos também como viver em Cristo. Por isso, logo depois de narrar o acolhimento do querigma e o batismo, os Atos dos Apóstolos narram a vida das primeiras comunidades cristãs (Atos 2,42-47; 4,32-34; 5,12-16).

Os elementos fundantes da identidade cristã, como consequência prática da acolhida ao querigma, portanto, são: perseverança nos ensinamentos dos apóstolos, na comunhão fraterna, na fração do pão e nas orações (At 2,42). Os elementos são também chamados de colunas ou pilares que dão sustentabilidade à comunidade. Na verdade, eles refletem a experiência e a identidade da vida em comunhão, em um contexto cultural propício para a consolidação do cristianismo no seio da comunidade judaica. Desde o início do Livro de Atos, a comunidade é citada como uma comunidade orante: todos estes, unânimes, perseveravam na oração com algumas mulheres, entre as quais Maria, a mãe de Jesus, e os irmãos (At 1,14); seu testemunho e sua oração atraíam novas pessoas: muitos dos que tinham ouvido a Palavra abraçaram a fé (At 1,15; 4,4).

A acolhida do querigma faz com que a pessoa seja inserida na vida da comunidade. A pertença eclesial exige perseverança e autenticidade, por isso eles frequentavam o Templo, que era o costume de sua cultura e religião, mas reuniam-se nas casas para partilhar o pão e solidificar a fé comunitária: dia após dia, unânimes, mostravam-se assíduos no Templo e partiam os pães pelas casas, tomando o alimento com alegria e simplicidade de coração (cf. At 2,46); testemunhavam a ressurreição de Jesus e, com isso, ganhavam a simpatia do povo: Com grande poder os apóstolos davam testemunho da ressurreição do Senhor, e todos tinham grande afeição (cf. At 4,33). E a alegria da pertença a Cristo e à comunidade contagiava judeus, gregos e gentios: muito alegres por estas palavras, os gentios glorificavam a palavra do Senhor, e todos aqueles que eram destinados à vida eterna abraçaram a fé (cf. At 13, 48; 14, 1).

Assim deve ser a catequese: querigmática e mistagógica. A partir desses dois pilares é que pensamos a inspiração catecumenal. Querigmática porque seu conteúdo é o verdadeiro anúncio sobre Jesus Cristo, o que ele fez e ensinou. Não se pode mais, hoje, pressupor que Jesus seja conhecido. Muitos de nossos interlocutores na Catequese são como os pagãos que ouviam o anúncio de Pedro, ou, mesmo tendo nascido em famílias católicas e tendo sido batizados, distanciaram-se da fé pela nova lógica de vida urbana e pós-moderna. Além disso, para que o anúncio querigmático não seja uma aula de história sobre Jesus, a Catequese deve ser mistagógica, para que seja capaz de introduzir o catequizando nos mistérios da fé por meio da experiência própria, guiando ao encontro com Jesus Cristo e na inserção na comunidade, a partir da celebração e do significado.

É por uma catequese querigmática e mistagógica que a Igreja no Brasil está empenhada. Uma catequese bíblico-vivencial, e não pautada em meras repetições de conceitos doutrinários. Nessa direção, adverte-nos papa Francisco:

> A centralidade do querigma requer certas caraterísticas do anúncio que hoje são necessárias em toda parte: que exprima o amor salvífico de Deus como prévio à obrigação moral e religiosa, que seja pautado pela alegria, o estímulo, a vitalidade e uma integridade harmoniosa que não reduza a pregação a poucas doutrinas, por vezes mais filosóficas que evangélicas (EG 165).

Por isso a catequese a serviço da Iniciação à Vida Cristã tem como tarefa primordial o primeiro anúncio e o cumprimento do mandato missionário deixado por Jesus Cristo:

"Ide por todo o mundo, proclamai o Evangelho a toda criatura" (Mc 16,15; Mt 28,16-20). Desde os primórdios do cristianismo a comunidade cristã sentia-se na responsabilidade de transmitir a fé com palavras e testemunho que de Cristo recebeu: "Assim como acolhestes o Cristo Jesus, o Senhor, assim continuai caminhando com ele" (Cl 2,6).

Anunciar o querigma na catequese é fundamental para a renovação da consciência missionária da Igreja. Como ressalta o Documento de Aparecida, a Igreja deve investir todas as suas energias e melhores ferramentas em prol da eficácia da ação evangelizadora sem "dar nada como pressuposto e descontado. Todos os batizados são chamados a recomeçar a partir de Cristo" (DAp 549), pois muitos perderam o encanto da fé. Daí a urgência de uma catequese querigmática que suscite e reanime a fé, fortaleça os vínculos com a comunidade eclesial, aprofunde o discipulado e promova na Igreja a consciência missionária. Os primeiros cristãos testemunhavam o verdadeiro anúncio de Jesus Cristo e o sentido de pertença comunitária, por isso realizavam autenticamente sua missão, confirmando na vida cotidiana seus frutos: "E, cada dia, o Senhor acrescentava a seu número mais pessoas que eram salvas" (At 2,47).

Os traços pedagógicos de uma catequese que anuncia o querigma

Tanto nos Evangelhos como nos demais escritos do Novo Testamento encontramos uma catequese querigmática e mistagógica, isto é, que parte da centralidade do ensinamento de Jesus e da pedagogia da Palavra (Mesters; Orofino, 2012). Às vezes, temos dificuldades para entender como realizar esse anúncio da Palavra de um modo que ele não se restrinja ao ensinamento e à instrução. Como anunciar a Palavra a não ser pela fala, pela narrativa, pela exortação? Em quais ambientes, senão naquele encontro de catequese que acontece semanalmente, na leitura e no ensinamento? A seguir, indicamos alguns horizontes por meio dos quais esse anúncio se desenvolve:

a) Refazer o relacionamento humano na casa, espaço vital da transmissão e vivência da fé

O modo pedagógico como Jesus e as Primeiras Comunidades viviam buscava integrar fé e vida. Jesus visitava as casas das pessoas e buscava sua integração no convívio social comunitário. No antigo Israel, o clã, isto é, a família ampliada, a **casa**, a comunidade, era a base da convivência social. A casa garantia a terra, a proteção, a defesa, os relacionamentos, as tradições que davam identidade a uma pessoa. Eram a maneira concreta do povo daquela época encarnar o amor a Deus e ao próximo. Defender a *casa*, o clã, era o mesmo que defender a Aliança entre Deus e o povo.

Por isso Jesus percorria as cidades e entrava nas casas anunciando a Boa-Nova do Evangelho, curando e alegrando a vida das pessoas e trazendo paz (Lc 10,5-6). Foi em uma casa a festa do casamento em Caná da Galileia, onde também aconteceu seu primeiro sinal, e muitos creram em sua Palavra (Jo 2,1-11); na casa de Pedro, ocorreu uma das primeiras curas que Jesus realizou (Lc 4,38-41); na casa em Cafarnaum, Jesus realiza a cura de um paralítico (Lc 5,17-26); na casa de Levi, o Senhor participa de um banquete (Lc 5,29-32); na casa de Simão, Jesus foi acolhido e ungido por uma mulher que era tida como pecadora (Lc 7,36-50); na casa de Jairo, ocorreu a cura de sua filha (Lc 8,40-48); na casa de Marta e Maria, Jesus consagrou a amizade (Lc 10,38-42; Jo 11,3.5.45; 12,2); na casa de Zaqueu, Jesus ofereceu a salvação e a vida (Lc 19,1-10); na casa Cenáculo, Jesus celebrou a ceia com seus discípulos (Lc 22,10-23); na casa de Caifás, o sumo sacerdote, Jesus foi condenado (Mt 26,57-68); na casa em Emaús, Jesus apareceu aos discípulos e explicou-lhes as Escrituras, abençoou e partilhou o pão e abriu-lhes os olhos para a missão (Lc 24,13-35); na casa onde os discípulos se reuniram amedrontados, Jesus apareceu aos Onze desejando a paz duradoura (Jo 20,19-23.26-29).

De fato:

> A casa, enquanto espaço familiar, foi um dos lugares privilegiados para o encontro e o diálogo de Jesus e seus seguidores com diversas pessoas (Mc 1,29; 2,15; 3,20; 5,38; 7,24). Nas casas, Ele curava e perdoava os pecados (Mc 2,1-12), partilhava a mesa com publicanos e pecadores (Mc 2,15ss; 14,3), refletia sobre assuntos importantes, como o jejum (Mc 2,18-22), orientava sobre o comportamento na comunidade (Mc 9,33ss; 10,10) e a importância de se ouvir a Palavra de Deus (Mt 13,17.43) (Doc. 109, 2019, 73).

Nos primeiros tempos do cristianismo, as comunidades cristãs se organizavam ao redor da chamada Igreja doméstica, Igreja domiciliar ou casa da assembleia (em latim: *domus ecclesia*). Já nesse início do cristianismo, os cristãos nas casas partiam o pão e tomavam as refeições com alegria e simplicidade de coração (At 2,46; 6,19). Na casa de Cornélio, por exemplo, é onde acontece o processo de conversão de toda a sua família (At 10,1-48); na casa de Lídia é onde as mulheres acolhem o querigma e se deixam batizar (At 16,11-15). Algumas citações das cartas de Paulo também falam da casa da família de Narciso (Rm 16,11) ou de Priscila e Áquila (Rm 16,5; 1Cor 16,19), e a "Igreja" se reunia em casas. À Igreja de Laodiceia, Jesus se dirige como a uma família em uma casa: "Eis que estou à porta e bato. Se alguém ouvir minha voz e abrir a porta, eu entrarei em sua casa e tomarei refeição com ele, e ele comigo" (Ap 3,20).

Na catequese, é um testemunho de encontro com a Palavra e de escuta da Escritura como orientação de vida estreitar os laços com a própria casa: aqueles que vivem conosco, que formam nossa família, que nos precederam e nos deram a vida e a fé. Esse estreitamento deve ser proposto como expressão da escuta da Palavra de Deus, não só como um conjunto de iniciativas isoladas e esporádicas, como "atividades para fazer em família". Pelo contrário, deve ser um esforço permanente que faz com que, por meio dos iniciandos nas comunidades, também a suas famílias seja anunciada a Palavra. Os efeitos dessa aproximação são o resgate da dimensão humana, festiva e celebrativa da casa, recuperando a família como primeiro lugar onde se conhece a Palavra e se cultiva o amor por ela.

Dadas as reconfigurações da vida urbana que especialmente reordenam o cotidiano e também a estrutura das famílias contemporâneas, é preciso que o catequista esteja consciente de que nem sempre esse contato com a Palavra em casa será feito por aquela leitura em companhia, à noite, antes de dormir. Às vezes, o iniciando terá consigo em casa os irmãos, os avós, um dos pais, um padrasto ou uma madrasta, alguém que trabalha em sua casa... Será preciso encontrar formas criativas de fazer com que o contato com a Palavra seja pelo diálogo, pela conversa, pela partilha de encantos e de interesses, que pouco a pouco conduzirá a um aprofundamento da experiência de Cristo em família – até mesmo conduzirá finalmente à passagem do *morar junto* para o *ser família*.

b) Ir ao encontro das pessoas e propor o caminho

Jesus adota um estilo de vida que revela sua pedagogia, diferente da pedagogia dos escribas, os conhecedores da Lei, em sua época. No lugar de encerrar-se em uma sinagoga ou em uma escola e exercer o poder de um escriba, Jesus rompe esse esquema, tornando-se um pregador ambulante. Onde encontra gente para escutá-lo, ele fala e transmite a Boa-Nova de Deus. Em qualquer lugar. Nas sinagogas, durante a celebração da Palavra nos sábados (Mc 1,21; 3,1; 6,2); em *reuniões* informais nas casas de amigos (Mc 2,1.15; 7,17; 9,28; 10,10); andando pelo *caminho* com os discípulos (Mc 2,23); ao longo do mar, à beira da *praia*, sentado em um barco (Mc 4,1); no *deserto* para onde se refugiou e onde o povo o procura (Mc 6,32-34); na *montanha*, de onde proclama as bem-aventuranças (Mt 5,1); nas *praças* das aldeias e cidades, onde povo carrega seus doentes (Mc 6,55-56); mesmo no *Templo* de Jerusalém, nas romarias, diariamente, sem medo (Mc 14,49)! Ele vai ao encontro das pessoas, estabelecendo com elas uma relação direta, por meio da prática do acolhimento e da escuta.

Algumas pessoas começam a rever sua vida e encarar Jesus de uma maneira diferente. Ele não apenas ensina, mas apresenta sua prática como exemplo. Essas pessoas começam a *seguir* Jesus. A proposta pedagógica de Jesus é a do discipulado. Antes de propor ou expor um conteúdo básico doutrinário, Jesus propõe a essas pessoas um caminho de vida. A resposta da pessoa é *seguir* Jesus nesse caminho. Ele mesmo tem consciência de que seu exemplo de vida é pedagógico: "Vinde a mim, todos os que estais cansados e carregados de fardos, e eu vos darei descanso. Tomai sobre vós o meu jugo e aprendei de mim" (Mt 11,28-29).

O papa Francisco insiste em uma Igreja da proximidade, que vai ao encontro das pessoas em suas mais marginais condições. Todos nós, em algum momento e de alguma forma, necessitamos do acolhimento do outro, que se faz primeiro pelo olhar atento e depois pela escuta vulnerável, que permite que o outro penetre as paredes de nosso coração e interpele nossa sensibilidade. Antes das ações práticas de cura e perdão, era essa escuta de Jesus que transformava a vida das pessoas, muitas vezes ignoradas por seu entorno. Vivemos uma correria, especialmente nos grandes centros urbanos, que concede muito sucesso aos que são capazes de ignorar o outro em sua necessidade, em sua dignidade, no respeito que merece. Entre nós não deve ser assim! (cf. Mc 10,43).

A Palavra de Deus se anuncia nesse contato pessoal, cheio de sensibilidade e compaixão, onde nós nos apresentamos ao outro como casa aberta à acolhida e à hospitalidade. A abertura ganha uma expressão muito sensível quando também é disposição ao perdão, à reconciliação. Essa experiência inicial, em que os iniciandos encontram em seu catequista um porto seguro de aconchego, liberdade, acolhimento, escuta e compaixão, será para ele o protótipo do acolhimento da Igreja que lhe oferece um caminho iniciático, que culmina com a participação ativa nos sacramentos da Iniciação Cristã. A catequese a serviço da Iniciação à Vida Cristã é o caminho para essa pedagogia da presença que edifica e que fortalece a experiência comunitária. Encontrar-se na comunidade não deve nunca ser uma ideia abstrata, mas deve ser um conjunto de pequenas experiências interpessoais de encontro com pessoas concretas. O caminho da IVC deve possibilitar o estreitamento de laços com pessoas e, daí, o laço comunitário. Este não se fará pelo encantamento por uma capela ou por um lugar, mas se construirá por meio de uma rede sólida de amizades.

Assim, então, a presença se torna verdadeiro anúncio da Palavra, especialmente a presença atenta e vulnerável: aquela que se deixa tocar pela presença do outro e forma já uma pequena comunidade, que tem por primeira característica a partilha de vida e de esforços na busca por um caminho que, de fato, conduza ao encontro de Cristo. A Palavra anunciada assim permite que os que a ouvem façam a experiência de adentrar a Escritura e viver os encontros que ela mesma registrou.

c) Superar as barreiras de gênero, religião, raça e classe

Jesus, em seu modo pedagógico, supera as mais difíceis barreiras de gênero, de religião, de raça e de classe. Ele acolhe e conversa com Nicodemos (Jo 3,1), que era um membro da alta classe judaica, com assento no Sinédrio. Jesus não só acolhe o pedido de um oficial romano para curar o filho doente (Mt 8,5; Lc 7,2), mas também elogia sua fé: "Eu vos digo: tanta fé não encontrei nem mesmo em Israel" (Lc 7,9). Ele acolhe o pedido da mulher cananeia, que era de outra etnia e de outra religião (Mc 7,25-29), e é criticado pelo fato de entrar na casa dos cobradores de impostos (Mc 2,15-16). Jesus também acolhe e conversa com uma mulher samaritana (Jo 4,7), em um diálogo construtivo e revelador de sua pessoa, um diálogo que estabelece aliança e supera uma das mais difíceis barreiras existentes naquela situação: a religião.

Para a samaritana, Jesus era um judeu (Jo 4,9), ou seja, um inimigo religioso. Para estabelecer um diálogo com ela, Jesus começa a conversa revelando uma carência que só poderia ser saciada com o trabalho daquela mulher: "Dá-me de beber!" O longo diálogo entre Jesus e a samaritana mostra o quanto Ele estava aberto para a presença das mulheres em seu grupo, porque valoriza suas buscas de modo pessoal, não secundário, submisso ou menos importante. Contrariando um grande número de rabinos, que não aceitavam mulheres em seus grupos de estudo da Lei, sabemos que muitas mulheres seguiam Jesus (Mc 15,41; Lc 8,2-3). O texto de João mostra que os próprios discípulos ficam surpresos com o diálogo de Jesus com a samaritana (cf. Jo 4,27). Jesus não ignora as particularidades de sua vida, nem mesmo o que de mais obscuro ela pudesse carregar em suas memórias. Mas propicia um encontro tão transformador que a faz abandonar suas buscas anteriores (cf. Jo 4,28). Se aquela mulher vai ao meio-dia buscar água, provavelmente fosse rejeitada até pelas outras mulheres de sua comunidade, porque não era esse o horário usual de ir ao poço. O encontro com Jesus, que é sempre propositivo e nunca uma imposição, a faz ganhar autoridade mesmo em sua comunidade, fazendo com que muitos creiam em sua palavra (cf. Jo 4,39).

A catequese querigmática e mistagógica prima pela unidade na diversidade. É necessário focar na essência que nos une, que é a Palavra de Deus que liberta e salva. O anúncio da Palavra reestabelece as pessoas em seus próprios lugares, devolvendo a dignidade que lhes é própria e que se prova na relação saudável com os seus, sem exclusões, sem imposições, sem opressões. A Palavra deve ser anunciada segundo o horizonte do anúncio de Jesus à Samaritana, de modo que leve o outro a revisitar sua própria história, à luz do encontro com o Mestre, encontrando-se em si mesmo e em relação aos outros, redescobrindo a alegria do acolhimento e do pertencimento. Esse anúncio, portanto, é sempre a proposição de um caminho, ao qual se pode ou não aderir.

A Palavra forma nossas consciências para o diálogo com o diferente e também impulsiona à caridade. Assim, a escuta da Palavra abre nossas mãos e também coloca nossos pés a caminho para encontrar o outro como território de missão. Nesse território, a Palavra é comunicada pelos diferentes gestos de partilha, de caridade, de assistência, mas também de escuta, de diálogo, de compromisso e de respeito.

1. O que mais chamou sua atenção neste capítulo e por quê?

2. Quem acolhe o querigma se torna capaz de atrair novas pessoas para Jesus e para a comunidade, bem como, ser sal da terra e luz do mundo. Em sua comunidade o querigma, verdadeiro anúncio de Jesus Cristo, é realizado segundo o que diz este capítulo?

3. Quais os traços pedagógicos necessários para que uma catequese querigmática seja uma efetiva ABP?

CONCLUSÃO

A Catequese a serviço da IVC, com inspiração catecumenal, tem grandes contribuições a oferecer como resposta ao convite da Igreja a processos efetivos de Animação Bíblica da Vida e da Pastoral. Nas comunidades, os catequistas e as catequistas, junto aos ministros ordenados, já são os primeiros reconhecidos pelo ministério do anúncio e do serviço à Palavra. À medida que se tornarem ainda mais conscientes de seu papel e de sua contribuição, serão significativos líderes na conformação cada vez mais profunda de nossas comunidades ao contato com a Palavra, seja pela formação, pela oração ou pelo anúncio.

A contribuição a que nos referimos pode começar a ser percebida pela responsabilidade de nossos catequistas – leigos e leigas, religiosos e religiosas, ministros ordenados – na formação de nossas comunidades. Essa formação vai desde a entrada na vida cristã, passando pelo conhecimento de Jesus Cristo, pela adesão ao caminho discipular e chegando à formação permanente, ao amadurecimento da vida de fé e à compreensão de como ser cristão católico no mundo contemporâneo. Esse papel representa, ao mesmo tempo, privilégio e responsabilidade, liderança e companhia no caminho. Se, de um lado, somos chamados aos serviços de liderança, isso não deve ser compreendido por nós como eleição sobre outros, mas antes como dádiva concedida a nós por graça, com vistas a um serviço específico: é uma alegria que sejamos discípulos que, apesar de estarmos ainda no caminho, com nossos tropeços e nossas lentidões, já fomos chamados pelo Senhor à missão tão nobre de, como André, conduzir os irmãos a seu encontro (cf. Jo 1,41). Tal dádiva vem com grande responsabilidade: também somos levados pelo Senhor a seu seguimento, que exige de nós uma vida coerente com o Evangelho que ouvimos e anunciamos, a todo momento.

Quando a Igreja reflete sobre os desafios próprios do tempo em que vivemos – individualismo, autorreferencialidade, relativização da pertença religiosa, crise do vínculo entre fé e vida, só para lembrar alguns – a grande esperança deposita-se sobre os processos de Iniciação à Vida Cristã. Nem todos os catequistas, nas comunidades espalhadas por todo o Brasil, têm consciência do quanto seu serviço – simples, anônimo e profético – é precioso para o futuro da Igreja. E quanto mais a Catequese conformar-se ao modelo de Catequese a serviço da IVC com inspiração catecumenal, maior solidez ela conferirá à formação ou restauração das comunidades eclesiais ao modelo do pequeno rebanho de Jesus, que tem como centro a Palavra, encontra seu ápice na vida litúrgica, marca o mundo com a fé testemunhada e cresce no discipulado missionário a Jesus Cristo. Assim uma Catequese que ofereça iniciação integral à vida cristã, comprometida com a centralidade da Palavra, poderá oferecer uma adequada iniciação bíblica que, conforme as intenções do Diretório Nacional de Catequese (2006), alimenta a fé e fortalece a identidade católica.

O primeiro contato com a Palavra na Iniciação à Vida Cristã – possibilitado segundo os três eixos aqui apresentados – forma cristãos que, primeiro, encontram o ânimo de sua vida na Sagrada Escritura. Tendo experimentado do contato frequente com a Palavra, trazem-na no coração e no intelecto, fazem suas próprias escolhas segundo o Evangelho, encontram seu consolo em sua mensagem de salvação. Aqueles que foram iniciados à fé alcançam, assim, de modo simples e não complexo, o que chamamos de Animação Bíblica da Vida. Somente indivíduos que experimentaram dos preciosos frutos da Palavra em seu próprio cotidiano, conhecem-na e sabem dedicar-se a ela na oração, e no anúncio poderão construir uma Pastoral que encontre sua seiva na Palavra de Deus – e então alcançaremos a Animação Bíblica da Pastoral. Por sua vez, a ABP é um caminho de conversão pastoral, que nos permite recuperar a centralidade da Palavra – que é, na verdade, a centralidade do próprio Cristo – e assim superar comunitariamente os mesmos desafios que, individualmente, os iniciados superam com o auxílio da Palavra.

A inspiração catecumenal, que é o grande horizonte metodológico que a Igreja está a indicar não só para a Catequese como também para toda a ação evangelizadora, traz como dois pilares fundamentais o anúncio querigmático e a inserção mistagógica. Se, de maneira muito explícita, propusemos o querigma como o horizonte que deve sustentar a presença da Bíblia na Catequese, a título de conclusão, não podemos encerrar sem notar que também a Bíblia deve estar na Catequese a partir de um paradigma mistagógico, além de ser trabalhada de maneira mistagógica. Com isso, queremos dizer que a Bíblia não é um livro a ser trabalhado ou ensinado, simplesmente. Mas, no ensinamento de suas histórias, na proclamação de seus textos, a escuta deve ser experienciada, de modo celebrativo, vivencial, espiritual e, principalmente, orante. É a mistagogia da escuta da Escritura que conduzirá à experiência do Mistério de Deus que se revela em sua Palavra.

A forma orante como a Bíblia é lida na Igreja é uma forma mistagógica de aproximação ao texto bíblico que é condição para que nele se encontre a Palavra. É pela oração que se adentra o mistério da Palavra de Deus e se constrói, pouco a pouco, o acesso a ela. Mas é também a Escritura uma condição para que se adentre a Mistagogia da fé cristã. A Bíblia, nesse aspecto, acaba por se tornar objeto e método. Se tratamos friamente da Escritura como um texto literário semelhante àqueles que estão nas estantes das bibliotecas, não encontraremos nela a Palavra de Deus. É preciso que o mistagogo saiba dar o passo além, que vê na Bíblia a fonte para a experiência do Mistério – para que depois possa possibilitar a mesma experiência a outras pessoas, primeiro, ele precisa ter feito a experiência do mistério por meio da leitura orante da Palavra. Sem a Palavra de Deus, sua celebração e o cultivo da intimidade com ela, nenhum caminho mistagógico poderá tornar-se real – será sempre ilusório, desenraizado, parecerá ser caminho iniciático, mas será descentrado de Jesus e, portanto, ineficaz, desnecessário e até ameaçador à comunidade cristã.

Dessa forma, a Palavra de Deus na Catequese será conhecida, rezada e anunciada por catequistas que sejam verdadeiros discípulos e que tenham se encantado pela Palavra, como aquela mulher samaritana que, diante de Jesus, largou para trás o cântaro de suas buscas anteriores porque ouviu a Palavra definitiva. Isso não acontece de modo mágico, mas é um caminho que se abre a todos os que tenham feito o esforço de repetidas vezes rezar com a Escritura, até que repousassem suas preocupações na Palavra do Senhor para que, livres de preocupações menores, tenham encontrado verdadeiramente com Cristo, em um encontro transformador que deseja compartilhar, que impele a anunciar. Então – só então – os processos de Iniciação à Vida Cristã, tendo sua fonte na Sagrada Escritura, renovarão as vidas particulares, tornarão sólidas as comunidades eclesiais, promoverão o sonhado caminho de conversão pastoral.

REFERÊNCIAS BIBLIOGRÁFICAS

ARMSTRONG, Karen. *Em nome de Deus:* o fundamentalismo no judaísmo, no cristianismo e no islamismo. Tradução Hildegard Feist. São Paulo: Companhia das Letras, 2009.

BENTO XVI. *Carta encíclica "Deus caritas est".* 2005. Disponível em: https://www.vatican.va/content/benedict-xvi/pt/encyclicals/documents/hf_ben-xvi_enc_20051225_deus-caritas-est.html. Acesso em: 29 nov. 2023.

BENTO XVI. *Verbum Domini.* 2010. Disponível em: https://www.vatican.va/content/benedict-xvi/pt/apost_exhortations/documents/hf_ben-xvi_exh_20100930_verbum-domini.html. Acesso em: 03 nov. 2023.

CATECISMO DA IGREJA CATÓLICA. Brasília: Edições CNBB, 2022.

CNBB. *Catequese Renovada:* orientações e conteúdo. São Paulo: Paulinas, 1983. (Documentos da CNBB, 26).

CNBB. *Diretório Nacional de Catequese.* Brasília: CNBB, 2006. (Documentos da CNBB, 84).

CNBB. *Diretrizes da Ação Evangelizadora da Igreja no Brasil 2019-2023.* Brasília: CNBB, 2019. (Documentos da CNBB, 109).

CNBB. *Iniciação à Vida Cristã:* itinerário para formar discípulos missionários. Brasília: CNBB, 2017. (Documentos da CNBB, 107).

CNBB. *Mês da Bíblia 2013:* Discípulos e missionários a partir do Evangelho de Lucas. Brasília: Edições CNBB, 2013.

CONCÍLIO VATICANO II. *Constituição Dogmática "Dei Verbum"*, 1965. Disponível em: https://www.vatican.va/archive/hist_councils/ii_vatican_council/documents/vat-ii_const_19651118_dei-verbum_po.html. Acesso em: 25. jul. 2023.

CONFERÊNCIA NACIONAL DOS BISPOS DO BRASIL. *"E a Palavra habitou entre nós" (Jo 1,14):* Animação Bíblica da Pastoral a partir das Comunidades Eclesiais Missionárias. Brasília: Edições CNBB, 2022. (Documentos da CNBB, 111).

CONFERÊNCIA NACIONAL DOS BISPOS DO BRASIL. *Discípulos e servidores da Palavra de Deus na Missão da Igreja*. Brasília: Edições CNBB, 2012. (Documentos da CNBB, 97).

CONSELHO EPISCOPAL LATINO-AMERICANO. *Documento de Aparecida:* Texto conclusivo da V Conferência Geral do Episcopado Latino-Americano e do Caribe. Brasília; São Paulo: Edições CNBB; Paulinas; Paulus, 2007.

FRANCISCO. *Exortação Apostólica Pós-Sinodal "Evangelli Gaudium":* sobre o anúncio da alegria do Evangelho no mundo atual. 2013. Disponível em: https://www.vatican.va/content/francesco/pt/apost_exhortations/documents/papa-francesco_esortazione-ap_20131124_evangelii-gaudium.html. Acesso em: 30 mar. 2024.

HALL, Thelma. *Lectio divina*: o que é, como se faz. 2. ed. São Paulo: Edições Loyola, 2015.

KONINGS, Johan. *Evangelho segundo João:* amor e fidelidade. Petrópolis, RS: Vozes; São Leopoldo, RS: Sinodal, 2000.

MESTERS, Carlos; OROFINO, Francisco. *Jesus, Palavra encarnada, palavra anunciada.* Brasília: Edições CNBB, 2012.

MONASTERIO, R. A.; CARMONA, A. R., *Evangelhos Sinóticos e Atos dos Apóstolos.* Aparecida: Editora Ave-Maria, 2000.

PEETZ, Melanie. *O Israel bíblico:* história, arqueologia, geografia. São Paulo: Paulinas, 2022.

PONTIFÍCIA COMISSÃO BÍBLICA. *A interpretação da Bíblia na Igreja.* 9. ed. São Paulo: Paulinas, 2010.

PONTIFÍCIO CONSELHO PARA A PROMOÇÃO DA NOVA EVANGELIZAÇÃO. *Diretório para a Catequese.* São Paulo: Paulus, 2020.

PRADO, José Luiz Gonzaga. O fundamentalismo. *Estudos Bíblicos,* Petrópolis, v. 35, n. 140, p. 363-378, out./dez. 2018.

PRIOTTO, Michelangelo. *Introdução geral às Escrituras.* Petrópolis: Vozes, 2019.

Este livro foi composto com as famílias tipográficas Times New Roman e Source Sans Pro
e impresso em papel off set 70g/m² pela **Gráfica Santuário.**